Das Glaubensleben
der Ostkirche

Das Glaubensleben der Ostkirche

Eine Einführung
in Geschichte, Gottesdienst und Frömmigkeit
der orthodoxen Kirche

In Zusammenarbeit mit
Hermann Goltz, Leonore Kratzsch,
Karl-Eugen Langerfeld,
Bernd Lehmann,
Peter Lobers und Hans Georg Thümmel
herausgegeben von
Hans-Christian Diedrich

Koehler & Amelang · Leipzig

Das Glaubensleben der Ostkirche: e. Einführung in Geschichte, Gottesdienst und Frömmigkeit der orthodoxen Kirche / hrsg. von Hans-Christian Diedrich. – Leipzig: Koehler & Amelang, 1988. –
134 S.: 10 Abb.
ISBN 3-7338-0092-3

Inhalt

Das gottesdienstliche Leben in der Orthodoxie

Das Kirchengebäude und seine Ausstattung

Brauchtum und christliche Sitte in der Orthodoxie

Vorwort

Im Jahre 1988 begehen die Christen in der Sowjetunion die Tausendjahrfeier der »Taufe Rußlands«. Dieses Jubiläum bezieht sich auf die Übernahme des Christentums byzantinischer oder »ostkirchlicher« Gestalt durch den Großfürsten *Wladimir* von Kiew für sich und sein Reich, die »Kiewer Rus«, im Jahre 988. Träger dieses Jubiläums ist die in der geschichtlichen Folge jenes Ereignisses entstandene Russische Orthodoxe Kirche, die – nicht nur wegen ihrer zahlenmäßigen Größe, sondern auch von ihrer theologischen Arbeit her und infolge ihres internationalen Gewichts – innerhalb der orthodoxen Konfessionsfamilie heute die bedeutendste Rolle spielt. Aber es ist verständlich, daß dieses Ereignis den Blick verstärkt auf die Gesamtheit der Familie dieser östlichen orthodoxen (= »rechtgläubigen«) Kirchen lenkt. So wird uns (vielleicht manchem von neuem) bewußt, daß in einer Reihe von Ländern Ost- und Südosteuropas, aber auch in Griechenland und Zypern, die orthodoxe Kirche die Mehrheit der christlichen Bevölkerung umfaßt, während Protestanten und römische Katholiken nur Minderheiten bilden. Im Blick auf die Rumänische und die Bulgarische Orthodoxe Kirche kann man sogar von Volkskirchen sprechen. In der Sowjetunion darf neben der Russischen die Georgische Orthodoxe Kirche nicht vergessen werden. In anderen sozialistischen Ländern wie Polen, der Tschechoslowakei und Ungarn sind die orthodoxen Kirchen Minderheitsgruppen, aber nicht ohne Gewicht innerhalb des ökumenischen Konzerts der Kirchen. Auch in einigen Teilrepubliken Jugoslawiens wie zum Beispiel Serbien und Mazedonien ist die große Mehrheit der christlichen Bevölkerung orthodox. Über die kleine orthodoxe Kirche Albaniens ist seit der Atheisierungskampagne von 1967 fast nichts mehr zu hören gewesen.

Durch die geschichtlichen Entwicklungen der letzten Jahrzehnte hat es sich gefügt, daß auch nach Mittel- und Westeuropa, nach Nord- und Südamerika sowie in andere Länder eine wachsende Zahl orthodoxer Christen gekommen ist, so daß man jetzt von einer weltweiten orthodoxen Diaspora (= Zerstreuung) sprechen kann, die in sich allerdings noch weithin die nationalen Unterschiede ihrer Herkunftsländer bewahrt hat. So kann heute von der orthodoxen Kirche in einem eigentlichen Sinne auch nicht mehr als von der »Ostkirche« geredet werden. (Wenn hier und in der Folge von der »östlichen« oder »Ostkirche« und entsprechend von der »Westkirche« oder *der* beziehungsweise *den* »westlichen« Kirchen gesprochen wird, dann ist das nicht rein geographisch, erst recht nicht aktuell politisch gemeint, sondern bezeichnet die in einer langen geschichtlichen Entwicklung aufgrund der Reichsteilung des alten Imperium Romanum und der sie bedingenden gesellschaftlichen, kulturellen, geistigen und anderen Voraussetzungen und ihrer Folgen entstandenen beiden Kirchenkörper, die sich heute eben in der orthodoxen Kirche einerseits und in der römisch-katholischen und den aus ihr hervorgegangenen Kirchen der Reformation andererseits darstellen.)

Aufgrund dieser Situation kommt es in zunehmendem Maße zu Begegnungen von Christen der »westlichen« mit denen der »östlichen« Tradition, und beide bemühen sich um ein genaueres gegenseitiges Verstehen. Es ist daher das Anliegen der folgenden Einführung, mit dieser orthodoxen Kirche, ihrer Liturgie und Frömmigkeit, näher bekannt zu machen. Dabei wird im Blick behalten, daß die *eine* orthodoxe Kirche in den einzelnen Ländern im Verlauf einer über oder doch fast tausendjährigen Geschichte unter dem Eindruck nationaler Besonderheiten jeweils unterschiedlich geprägt wurde, zum Beispiel die jeweilige Nationalsprache angenommen hat, aber insgesamt durch die Einheit der Lehre, des Gottesdienstes und der kirchlichen Ordnung zusammengehalten wird. Diese Gesamtorthodoxie wird im folgenden immer im Blick behalten. Doch konzentriert sich in mancher Beziehung die Sicht auf das Leben der russischen Orthodoxie in der Sowjetunion – eben aus den angegebenen Gründen. Deswegen werden auch im ersten Kapitel die anderen christlichen Kirchen in der Sowjetunion im Überblick erwähnt, während bei den anderen orthodoxen Ländern darauf verzichtet wird. Denn auch die nichtorthodoxen Kirchen in der Sowjetunion stehen in besonderer Weise – anders als etwa in den Balkanstaaten – der Orthodoxie gegenüber, manchmal in Spannung zu ihr, und haben dadurch ihre Prägung erhalten.

Da Verbreitung und Gestalt orthodoxer – wie jeglicher – Kirchlichkeit von historischen Umständen abhängen, soll im folgenden zuerst der geschichtlichen Entwicklung der östlichen Orthodoxie nachgegangen werden, wobei auch hier wieder Rußland besonderes Augenmerk gilt. Danach wird in das gottesdienstliche Leben und in das Kirchenjahr eingeführt. Eigener Betrachtung bedarf eine spezifische Äußerung ostkirchlicher Religiosität, das kirchliche Bild, die Ikone, als Teil des Gotteshauses und als Gegenstand der Frömmigkeit. In einem letzten Teil soll schließlich beobachtet werden, wie ostkirchliche Religiosität christliche Sitte und Brauchtum des einzelnen Gläubigen und seiner sozialen Gruppen, besonders der Familie, geprägt hat. Da ostkirchliche Religiosität zuallererst und wesenhaft gottesdienstliche Frömmigkeit ist, soll hieran die Beziehung zwischen institutionalisierter und Individualfrömmigkeit darzustellen sein.

Die ganze vorliegende Darstellung ist eine »Einführung« deshalb, weil sie nicht auf fachgelehrte Bedürfnisse hin verfaßt wurde (wenngleich der neuere Stand der Forschung möglichst berücksichtigt worden ist), sondern dem Interessierten, dem Reisenden, dem Gottesdienstbesucher Informationen über die orthodoxe Frömmigkeit geben soll. Alle individuelle, persönliche Religiosität ruht ja im Gottesdienst und lebt vom Gottesdienst. Eben darum handelt es sich um eine Einführung in die Gottesdienste und die mit ihnen aufs engste verbundene Frömmigkeit. In einem speziellen Sinne bezeichnet das Wort »Liturgie« im Bereich der Ostkirche den eucharistischen Gottesdienst, den Hauptgottesdienst mit der Feier des heiligen Abendmahls, die

»Göttliche Liturgie«. Sie ist seit alters bis heute, unabhängig von geschichtlichen Entwicklungen, gesellschaftlichen Systemen und politischen Verhältnissen der Kern des kirchlichen und damit auch des privaten religiösen Lebens geblieben. Im eucharistischen Gottesdienst schlägt das Herz der Orthodoxie, und wer sie kennenlernen will, muß so intensiv wie möglich mit ihr und in ihr die Göttliche Liturgie mitfeiern. Dazu will das folgende denn schließlich nicht nur »Einführung«, sondern auch Hilfe und Ermutigung sein.

Diese Einführung ist von den genannten Autoren in einzelnen Beiträgen eigenverantwortlich erarbeitet worden. Aufgabe des Herausgebers war es, diese Teilbeiträge inhaltlich und stilistisch zu vereinheitlichen, gelegentlich zu ergänzen, hier und dort zu kürzen, in der doppelten Hoffnung, den Text zugleich aus einem Guß erscheinen und doch jeden Verfasser zu Wort kommen zu lassen. Zu beurteilen, ob sich diese Hoffnung erfüllt hat, wird dem geneigten Leser überlassen bleiben müssen. Alle Genannten sind seit zwei Jahrzehnten im Melanchthon-Arbeitskreis der Evangelischen Kirche der Union – Bereich DDR – verbunden, der das Studium der Geschichte, der Theologie und des gottesdienstlichen Lebens der Orthodoxie zu seiner Aufgabe hat.

Hans-Christian Diedrich

Griechische Wörter werden entsprechend den Hinweisen im »Großen Duden« transkribiert, so daß der Diphthong *ov* als Monophthong u wiedergegeben wird; als Aussprachehilfe ist jeweils bei der ersten Erwähnung die Betonung mit á (Akut) angegeben, auch dort, wo im Griechischen à (Gravis) oder ã (Zirkumflex) stehen würden. Die Wiedergabe von russischen bzw. kirchenslawischen Wörtern folgt ebenfalls den Transkriptionsrichtlinien des »Großen Dudens«.

Bei den Bibelzitaten wurde im Deutschen die Übersetzung der Lutherbibel in der Revision von 1956 und 1964, im Russischen die Synodalausgabe von 1916, die verschiedentlich nachgedruckt wurde, verwendet.

Kirchengeschichtliche und konfessionskundliche Einleitung

Die Kirche im Oströmischen Reich

Von der Urkirche zur »orthodoxen« Kirche

Seit den Tagen der Apostel hatte sich die Christenheit trotz zahlreicher Verfolgungen und innerkirchlicher Auseinandersetzungen im ganzen Römischen Reich ausgebreitet. Seit dem Jahre 312, dem Sieg an der Milvischen Brücke bei Rom, wurde deutlich, daß auch der Kaiser *Konstantin* dem christlichen Glauben zuneigte. Er baute die Kleinstadt *Byzantion (Byzanz)* am Bosporus zur neuen Hauptstadt aus und verlieh ihr seinen Namen, Stadt des Konstantin: *Konstantinopel.* Damit beförderte er eine Gewichtsverlagerung innerhalb des Römischen Reiches, die aber schon längst angelegt war. Konstantin war der erste römische Kaiser, der sich schließlich zum christlichen Glauben bekannte – er ließ sich kurz vor seinem Tode 337 taufen – und der das Christentum nicht nur reichsrechtlich anerkannte, sondern auch förderte. Damit leitete er eine Entwicklung ein, die schon zwei Generationen später – wenigstens formal – abgeschlossen war. Das Edikt Kaiser *Theodosius'* des Großen von 380 machte allen römischen Untertanen die Zugehörigkeit zur Reichskirche zur Pflicht. Auf die wechselvollen Glaubensauseinandersetzungen und die schwierigen Konzilsentscheidungen nahmen die christlichen Kaiser immer größeren Einfluß. Die Bemühungen um die Sicherung der Reichskirche gegenüber Gefährdungen von außen und gegenüber abweichenden Lehrentwicklungen im Innern erreichten auf dem Vierten Ökumenischen (das heißt Reichs-) Konzil 451 in *Chalcedon* einen vorläufigen Erfolg. Aber weder Kirche noch Staat konnten mehr verhindern, daß sich in den nur zeitweilig beherrschten Randprovinzen und jenseits der Reichsgrenzen von der offiziellen Orthodoxie abweichende Lehren hielten und sich daraus eigenständige Kirchengebilde entwickelten.

Die »Orientalisch-orthodoxen« oder altorientalischen Kirchen

Ein Impuls zur Bildung einer eigenen Kirche ging von den Lehren des *Nestorius* von Antiochien aus. Er wollte das Geheimnis der Einzigartigkeit Jesu Christi so verstanden wissen, daß der eine Wesensbestandteil, der himmlische Logos, dem anderen, dem Menschen Jesus, nur eingewohnt habe. Mithin dürfe die Mutter Jesu eben nicht »Gottesgebärerin« genannt werden, wie es den anderen als rechtgläubig galt. Man stritt gegen Nestorius, weil er die wirkliche Erlösungstat Gottes in Jesus Christus preiszugeben schien. Nach der Verbannung ihres Meisters durch das tumultreiche 3. Ökumenische Konzil von *Ephesus* 431 unterhielten die Anhänger des Nestorius zunächst eine theologische Schule in Syrien; später wuchsen sie in Persien, das dem Römischen Reich feindlich gegenüberstand, zu einer Kirche, die eine erstaunliche missionarische Kraft entwickelte. Die Nestorianer haben klassisch-griechisches Wissen und hellenistische Kultur an die islamische Welt vermittelt und mit ihrer einzigartigen christlichen Mission bis in den Fernen Osten gewirkt. Infolge ihrer völligen Isolierung von der übrigen Christenheit und einer weitgehenden Anpassung an die Hochreligionen ihrer Gastländer ging die Nestorianerkirche schließlich im 14. Jahrhundert während der Mongolenherrschaft weithin unter. Ihre Reste haben die heutigen altorientalischen oder »nonchalcedonensischen« (weil sie das Bekenntnis von Chalcedon 451 nicht angenommen hatten) Kirchen mitgestaltet.

Ebenso kräftig entwickelte sich die dem Nestorianismus entgegengesetzte Glaubenslehre des *Eutyches*, der sich kirchenpolitisch zum Patriarchat von Alexandrien hielt. Eutyches wollte die beiden Naturen Christi zu einer einzigen Wesenheit zusammengeflossen auffassen. Ihm mußte widersprochen werden, weil ohne Beteiligung des irdischen Jesus am Erlösungswerk kein

Mensch wirklichen Anteil am Heil bekäme. Der *Monophysitismus* (von griech. mone phýsis = eine einzige Natur [Jesu Christi]), wie man diese Lehre in der Folge nannte, nahm im 6. Jahrhundert einen großen Aufschwung. Er bildete die Kirche der Bevölkerungsmehrheit in Syrien (jakobitische Kirche, nach dem Kirchenführer *Jakob Baradai*) und Ägypten (koptische Kirche); er wirkte prägend in Armenien, Georgien und Äthiopien und erreichte schließlich Indien. Die monophysitischen Nationalkirchen haben eine große Rolle in der politischen und kulturellen Geschichte ihrer Länder gespielt.

Weltpolitische Ereignisse wie die Eroberung ihrer Gebiete durch die Araber im 7. Jahrhundert und die zwangsweise Islamisierung großer Teile der Bevölkerung trennten die nestorianische und die monophysitischen Kirchen von der weiteren Entwicklung der Kirche im Römischen Reich. Isolation und Verfolgung, die bis in die Neuzeit hinein währten, haben die anfänglich schroffen Gegensätze stark gemildert. Veränderungen auf dem Gebiet der Theologie oder der kirchlichen Praxis, die die Reichskirche durchlebte, wurden von ihnen zum Teil nachvollzogen. Im 19. Jahrhundert übten missionarische Bemühungen der römisch-katholischen und der protestantischen Kirchen ihre Einflüsse aus. Zur Familie der heute so genannten altorientalischen oder nonchalcedonensischen Kirchen gehören die »orthodoxen« (so ihr Selbstverständnis) Nationalkirchen in Armenien, Syrien, Ägypten (Kopten), Äthiopien und Indien (Thomaschristen). Der Unterschied zu den orthodoxen Kirchen in dem von uns gebrauchten Sinne des Wortes ist allerdings nur noch in geringem Maße theologischer Natur, sondern durch die unterschiedlichen nationalen, kulturellen und ähnlichen Traditionen (den »Kontext«) bedingt. Seit 1964 stehen die orthodoxen und die altorientalischen oder »Östlich-orthodoxen« und »Orientalisch-orthodoxen« Kirchen, wie sie sich offiziell nennen, miteinander im theologischen Gespräch.

Kaiser Konstantin hatte durch die Gründung seiner Hauptstadt Konstantinopel nicht nur das Schwergewicht des Römischen Reiches nach Osten verlagert, sondern durch eine Teilung des Reiches in einen (griechisch geprägten) Osten und einen (lateinisch geprägten) Westen, deren Herrscher zwei Söhne Konstantins wurden, den unterschiedlichen kulturellen, sprachlichen, nationalen, aber auch ökonomischen Prägungen beider Reichsteile Ausdruck verliehen. Auch die Reichskirche hatte an dieser Entwicklung Anteil. Die spätere Trennung, die zwar erst 1054 endgültig vollzogen wurde, ist also schon sehr früh angelegt.

Ihrer Bedeutung entsprechend wurden die staatlichen Provinzhauptstädte des Ostens auch zu Sitzen eines Metropoliten, des Vorstehers des Bischofskollegiums seines Gebiets. Schon im 4. Jahrhundert wurden die Vorrechte der Metropolitansitze fixiert, die später in den Rang von Patriarchaten erhoben wurden. Im Osten waren dies *Alexandrien* und *Antiochien,* im Westen *Rom; Konstantinopel* wurde durch kaiserliches Edikt zum Patriarchat erhoben und als »neues Rom« in der Reihenfolge hinter das alte Rom gestellt, das an erster Stelle stand. Im 5. Jahrhundert kam *Jerusalem* hinzu. Während Rom und Konstantinopel sich zu mächtigen Zentren der von ihnen repräsentierten Kirchengebiete entwickelten, verloren die drei anderen alten Patriarchate vor allem mit der arabischen Invasion und der Islamisierung den überwiegenden Teil ihrer Gläubigen und büßten damit innerhalb der Gesamtorthodoxie erheblich an Bedeutung ein. Dieser Bedeutungsverlust ist auch in der Gegenwart nicht aufgehoben: Den Patriarchen von Alexandrien und Jerusalem unterstehen jeweils einige zehntausend Gläubige, bei Antiochien sind es einige hunderttausend. In starkem Rückgang begriffen ist auch die Zahl der Gläubigen im europäischen und kleinasiatischen Bereich des Patriarchen von Konstantinopel, dessen alter Ehrenvorrang sich noch in der Zuerkennung des Titels »Ökumenischer Patriarch« und einigen anderen Formalien äußert; jurisdiktionell (das heißt hinsichtlich der Ausübung der kirchlichen Amtsgewalt) unterstehen ihm die Orthodoxen in der Türkei und auf den Ägäischen Inseln – fast nur Griechen (Grie-

chenland selbst hat eine eigene, u
orthodoxe Kirche). Allerdings gehör
Konstantinopler Patriarchen auch die g
der Diaspora, etwa in Westeuropa und N
autonome Finnische Orthodoxe Kirche. Dem
Patriarchen ist eine kleine, aber wachsende orth
kirche in Ostafrika (vor allem in Uganda) unterst

Aber zunächst muß die Geschichte der byzantini
kirche nachgezeichnet werden.

Die byzantinische Reichskirche

Nach dem Zerfall des Weströmischen Reiches im 5. Jahrhun ging die Tradition des alten Imperium Romanum auf Ostro über: Die Byzantiner nannten sich »Rhomäer«, Römer; da »neue Rom« Konstantinopel wurde das eigentliche Rom, die *eine* Hauptstadt des *einen* Reichs. Griechische Kultur, römischer Staatsgedanke und christlicher Glaube wurden zu einer neuen Synthese geführt, die im byzantinischen Staat ihren Ausdruck fand. Bedeutsamster Repräsentant dieses Staatswesens wurde Kaiser *Justinian I.* (527–565). Er verkörperte geradezu die Einheit, genauer, den »Zusammenklang«, die »Harmonie« (symphonia) von Staat und Kirche. Dem einen Kaisertum mußte die eine Religion entsprechen, die in einer Kirche lebt. Das wurde unter anderem dokumentiert in der Sammlung und Novellierung des alten römischen Rechts, in die zugleich die kirchlichen Verordnungen des Kaisers aufgenommen wurden (das später so genannte Corpus iuris civilis). Damit wurde Justinian zum Begründer der Kirchenrechtsschreibung. Politisch konnte er das Reich in Kämpfen gegen die auf dem Balkan aus dem Norden andrängenden Awaren und Bulgaren und in Italien und Nordafrika gegenüber den germanischen Nachfolgereichen Westrom konsolidieren. In seiner Kirchenpolitik mißglückte ihm alle dings der Versuch, mit den Monophysiten einen Ausgleich finden. Damit wurde das griechische Wesen in der Reichskir verstärkt. Griechische Amts- und Kirchensprache vereinh lichte die gesamte Kultur und drängte den westlich-lateinis

des politisch untergegangenen alten Roms auch in der zurück. Zum eindrucksvollen architektonischen Symbol atskirchenidee Justinians wurde die neuerbaute Kathe- zur »Heiligen Weisheit« (Hagia Sophia) in Konstanti-

s byzantinische Reich behauptete auch nach Justinian, zu- ach der militärischen Reorganisation durch Kaiser *Hera- l I.* im 7. Jahrhundert, seine politisch-kulturell-kirchliche eit. Sein Herrschaftsgebiet wurde aber durch die Bulgaren u vor allem die arabische Expansion drastisch beschränkt. Mr als einmal mußte in den folgenden Jahrhunderten sich die Hptstadt allein, ohne jedes Hinterland, gegen reichs- und glabensfeindliche Belagerer behaupten. Christliche Theologie und kirchlicher Kultus stellten den byzantinischen Kaiser als Garanten des Heils für das Kirchenvolk dar. Doch infolge der byzantinischen Missionstätigkeit begann sich, anfangs fast unmerklich, das Gewicht der Orthodoxie nach dem Norden, auf den Balkan und nach Rußland, zu verlagern.

Das Schisma zwischen Byzanz und Rom und der Fall Konstantinopels

Inzwischen hatten sich die Spannungen zwischen den Patriarchaten Konstantinopel und Rom verschärft. Griechische Mentalität und die von ihr geprägten Slawen neigten theologisch zu Glaubenssätzen über das Sein des Erlösers und der Erlösten. Lateinische Mentalität und davon geprägte romanische und germanische Kirchen erörterten in ihrer Theologie den Erlösungsakt Christi und seine Zueignung an die Gläubigen stärker in rechtlichen Kategorien. In theologisch zugespitzten Differenzen (zum Beispiel Streit für oder gegen das »filioque«, den Satz, daß der »Heilige Geist vom Vater *und dem Sohn* ausgehe«, im Glaubensbekenntnis), in liturgischen Unterschieden (zum Beispiel Verwendung von gesäuertem oder ungesäuertem Abendmahlsbrot), aber auch durch vulgäre Grobheiten (wie die gegenseitige Verunglimpfung des ehelosen und des verehelichten Klerus) wurde die tiefe Kluft erkennbar. Zudem versuchte die rö-

mische Kirche, den Machtanspruch des Papstes auch nach Osten auszuweiten.

Dazu kamen politische Entwicklungen: Die Krönung *Karls des Großen* im Jahre 800 als eines zweiten christlichen Kaisers und der herausfordernde Titel »Kaiser der Bulgaren *und der Römer*«, den der bulgarische Zar *Simeon* im 10. Jahrhundert führte, machten deutlich, wie sehr der »ökumenische« Anspruch des byzantinischen Kaisertums ideologisch und machtpolitisch zerbröckelt war. Die kirchenpolitische Spannung zwischen Konstantinopel und Rom zerstörte auch die ökumenische Ganzheit der Kirche Christi und führte im 9. Jahrhundert zu einem Schisma, bereits dem zweiten, das aber noch einmal überwunden werden konnte, bevor es dann im Jahre 1054 zur endgültigen Trennung von Ost- und Westkirche kam. Diese Trennung hält bis in die Gegenwart an, wenngleich die gegenseitigen Verurteilungen nach der ersten Begegnung von Patriarch *Athenagoras I.* von Konstantinopel und Papst *Paul VI.* 1964 in Jerusalem aufgehoben wurden.

Die Kreuzzüge und die Errichtung eines »lateinischen Kaisertums« auf dem Boden des byzantinischen Reiches vertieften die Gegensätze. So mußten auch alle kirchlichen Unionsversuche, sogar angesichts der drohenden Eroberung Konstantinopels durch die Türken, scheitern. Nachdem ein Jahrtausend lang Byzanz zunächst das christliche Europa gegen die Expansion zuerst der Perser, dann der Araber beschirmt hatte, fiel es selbst – fast ohne allen auswärtigen Beistand – dem Ansturm der Osmanen zum Opfer. 1453 wurde Konstantinopel erobert und ins türkische *Istanbul* verwandelt. Aber Byzanz überlebte seinen Untergang in Gestalt des orthodoxen Christentums.

Geschichtliche Wirkungen der byzantinischen Kirche: Theologie, Mönchtum, Slawenmission

Griechische Theologen hatten das Christentum an den Westen vermittelt und dabei die schlichte Jesusnachfolge zur lehrbaren Gesamtschau von Gott, Menschheit und Weltall entwickelt; der Westen hatte inzwischen das in den theologischen Streitigkeiten des Ostens gefestigte Christentum übernehmen und eigenständig fortentwickeln können. Dabei blieb die kirchengeschichtliche und theologische Literatur der Griechen noch lange maßgebend. Auch die kirchliche Organisation im orthodoxen Osten konnte bewahrt werden, obwohl die Reichsstrukturen zerschlagen waren.

Zum Teil parallel zur theologischen und organisatorischen Entwicklung, zum Teil in bewußter Gegenbewegung dazu hatte sich orthodoxes Christsein im Mönchtum Ausdruck verschafft. Aus alten Wurzeln wuchs bereits vom 4. Jahrhundert an in drei Zweigen das griechisch-orthodoxe Mönchtum: 1. Völlige Einsiedelei (Kellion); 2. Einsiedlerkolonien (Sketis, Laura) zum Zweck asketischer Übungen und zum kontemplativen Betrachten der Heilswahrheiten; 3. eigentliche Klöster (Monasterion, Koinobion) mit den verbindlichen Gemeinsamkeiten von Wohnung, täglichem Gottesdienst, Arbeit, Mahlzeiten und Unterordnung unter den Vorsteher. In allen drei mönchischen Lebensformen haben Menschen danach gestrebt, in der Kraft des Geistes Gottes zu leben. Als die ägyptischen und syrischen Wüsten mit ihren traditionellen Mönchssiedlungen an die Araber verloren waren, wurde die Einsamkeit des »Heiligen Berges« *Athos* in Nordgriechenland zur besonderen Pflegestätte multinationalen orthodoxen Mönchtums, die bis zur Gegenwart Bestand hat. Der Untergang des christlichen Reiches brachte dem Mönchtum keine Einbuße. Es hatte sich ja auch längst in den Westen und zu den Slawen ausgebreitet.

Seit dem 8. Jahrhundert gelangte der christliche Glaube sowohl von Byzanz als auch vom Westen her zu den Slawen. Beide Missionen versuchten, die slawischen Gebiete in die von ihnen vertretenen christlichen Reiche einzuverleiben.

Um der Mission vom Karolingerreich her entgegenzuwirken, erbat sich *Rostislav*, der Herrscher des Großmährischen Reiches, im Jahre 863 christliche Lehrer für sein Volk aus Byzanz. Die gelehrten Brüder *Konstantin (Kyrill)* und *Method* aus Thessaloniki, die ein slawisches Alphabet schufen und die ersten gottesdienstlichen Bücher ins Slawische übersetzten, wurden so zu »Lehrern der Slawen«. Method und seine Schüler wirkten im Großmährischen Reich und in Pannonien; seine Schüler später in Bulgarien. Ihre Tätigkeit hat die orthodoxen Nationalkirchen Ost- und Südosteuropas begründet und den slawischen Völkern die Schriftsprache geschenkt. Rußland hat das Christentum direkt aus Byzanz empfangen, knüpfte aber sehr bald Verbindungen zu seinen slawischen Nachbarn. Russische Mönche wurden später ihrerseits zu Missionaren und Kulturträgern für andere Völkerschaften im Russischen Reich.

Die Russische Orthodoxe Kirche

Die Christianisierung Rußlands und die Zeit bis zur Mongolenherrschaft

Nach der legendären Überlieferung fanden die Abgesandten des Großfürsten *Wladimir* von *Kiew* (978–1015) weder bei den muslimischen Ostbulgaren noch bei den jüdischen Chasaren noch im westlichen Christentum der »Deutschen« eine für sie annehmbare Religion; im orthodoxen Gottesdienst in der Hagia Sophia hingegen waren sie von der Prachtentfaltung und dem liturgischen Reichtum so gefesselt, daß sie nicht zu wissen meinten, ob sie »im Himmel oder auf Erden« seien. Wladimir nahm für sich und sein Land den christlichen Glauben an, seine Taufe 988 steht im Zusammenhang mit der Heirat einer byzantinischen Kaisertochter. In Kiew ließ er die heidnischen Götterbilder stürzen und das Volk im Dnepr taufen.

Aus Byzanz kamen griechische Bischöfe zur Vertiefung des Glaubens und zur Konsolidierung der jungen russischen Kirche. Im Jahre 1037 wurde Kiew zum erstenmal als Metropolitensitz erwähnt, 1165 in *Nowgorod* ein Erzbistum errichtet. Im Volk hielt sich noch lange ein christlich-heidnischer Mischglaube. Nachhaltiger als die wenigen griechischen Oberhirten wirkten aus Bulgarien vermittelte sprachverwandte Priester und das kirchenslawische Schriftgut auf die junge russische Kirche ein. Einheimische Hierarchen gab es seit dem 11. Jahrhundert. Die tatsächliche Christianisierung Rußlands – so daß die Landbevölkerung »Krestjane«, das heißt Getaufte, genannt werden konnte –

hat aber das russische Mönchtum vollbracht. Spätestens im Jahre 1051 entstand das berühmte Höhlenkloster in Kiew. Auf der Suche nach wahrhaft christlichem Leben drangen Mönche als Einsiedler nach Norden und Osten immer tiefer in die russischen Wälder ein; ihnen folgten Schüler, die die Gemeinschaft mit solcherart geprägten geistlichen Persönlichkeiten suchten. So bildeten sich Eremitenkolonien, die ihrerseits geistliche Fürsorge suchende Bauern anzogen: in ihrer Nähe entstanden Dörfer (als Beispiel: der Einsiedler *Sérgi von Rádonesh* – das von ihm um 1337 gegründete Dreifaltigkeitskloster – die Siedlung *Sérgijew Possád*, die heutige Stadt *Sagórsk*). So vollzog sich eine stille Kolonisation Rußlands und zugleich seine Missionierung bis zu den Inseln im Weißen Meer und an das Uralgebirge.

Mönchen und Bauern folgten im 12. und 13. Jahrhundert die Fürsten und kirchlichen Oberen in die nördlichen Wälder. Denn die Mongolen hatten 1240 Kiew erobert und zerstört und Süd- und Mittelrußland dem Tatarenreich (die Tataren waren ein Teil der mongolischen Völkerfamilie) der »Goldenen Horde« (Horde = Lager) an der unteren Wolga tributpflichtig gemacht. In der nationalen Katastrophe und Isolierung gewann hingegen die russische Orthodoxie die ihr eigene Gestalt. Die Verbindung mit Byzanz im Süden wurde unterbrochen. Im Westen hatte der Fürst *Alexander Newski* von Nowgorod in zwei Schlachten an der Newa (1240) und auf dem Peipus-See (1242) die Schweden und den Deutschen Ritterorden (beide Vertreter des »westlichen« Christentums) zurückgeschlagen. Aber von Osten her fielen die Mongolen immer wieder über die zerstrittenen russischen Teilfürstentümer her, verwüsteten sie, plünderten sie aus und verschleppten die Bevölkerung. 1263 starb Alexander Newski während der Rückreise von der Hauptstadt der Goldenen Horde. Er ist in der Folgezeit in besonderer Weise zur Symbolgestalt eines Kämpfers und Dulders für die nationale Sache Rußlands geworden (und dann auch von der russischen Kirche kanonisiert worden). Denn er hatte dem Vordringen feindlicher Kräfte im Westen einen Riegel vorgeschoben, denen man später vor allem verdachte, daß sie die Zeit härtesten Abwehrkampfes gegen die aus dem Osten andringenden »Heiden« ausnutzten, um den rechtgläubigen Russen in den

Rücken zu fallen. Diese Feinde im Westen sind dann unter dem Begriff der »gottlosen Deutschen« (»besboshnyja nemzy«, so Iwan der Schreckliche in seinem Briefwechsel mit dem in das westlich angrenzende Litauen geflohenen Andrei Kurbski) subsumiert worden, die eine Bedrohung des gläubigen Rußland darstellten. Seit jener Zeit gibt es im russischen Geschichtsbild die stereotype Vorstellung von der Bedrohung Rußlands aus dem Westen.

Wie sehr auch die tatarische Herrschaft Rußland unter ihr politisches Joch beugte – es darf nicht verschwiegen werden, daß die Kirche davon im großen ganzen verschont blieb. Denn die religiös toleranten Eroberer klammerten die geistlichen Institutionen aus ihrem Unterdrückungssystem aus (etwa im Blick auf das kirchliche Eigentum); diese Duldsamkeit ist der Kirche zugute gekommen und hat ihr mit zu der Rolle verholfen, die sie in der Folge innerhalb der politischen Geschichte Rußlands spielen sollte. Was nämlich die Fürsten vertan hatten – die nationale Einheit –, half die Kirche erzeugen und bewahren, schließlich sogar im Kampf gegen die Tataren: Der Mönchsvater Sergi von Radonesh gab dem Moskauer Großfürsten *Dimitri Donskoi* für den ersten, wenn auch nur vorübergehenden Sieg über die Tataren 1380 vorher seinen Segen. Das Tatarenjoch galt den Mönchen als Strafe Gottes für mangelnden Glaubenseifer. Sie bewirkten eine tiefe Verinnerlichung der russischen Volksfrömmigkeit und schufen im späteren Starzentum eine einmalige Verbindung von kontemplativer Mystik und gesellschaftswirksamer Seelsorge.

Die Kirche im Moskauer Reich

Im Prozeß der »Sammlung der russischen Lande« während der Mongolenzeit entstand in *Moskau* ein neues Machtzentrum. Dorthin verlegte zu Beginn des 14. Jahrhunderts auch der Kiewer Metropolit seinen Sitz. Durch den Fall Konstantinopels stiegen der Wert und die Ansprüche der in Moskau zentralisierten politischen und kirchlichen Macht und drückten sich seit Beginn des 16. Jahrhunderts in der Vorstellung von Moskau als dem »dritten Rom« aus: »Wisse, mächtiger, frommer Zar, daß alle Reiche des orthodoxen christlichen Glaubens in dein eigenes Reich übergegangen sind. Auf der ganzen Erde bist allein du der Zar der Christen«, denn »zwei Rome sind gefallen, aber das dritte steht, und ein viertes wird es nicht geben. Dein christliches Reich wird nicht mehr in die Hände anderer fallen ...«, schrieb der Mönch *Filofei von Pskow* an Zar *Wassili III.*, und an Moskau würden sich die Worte Davids (Psalm 132, 14) erfüllen: »Dies ist meine Ruhe ewiglich, hier will ich wohnen, denn es gefällt mir wohl.«

Der Moskauer Großfürst seinerseits versuchte, sich als Nachfolger des byzantinischen Kaisers zu legitimieren, zum Beispiel durch Heirat mit einer byzantinischen Prinzessin und durch die Übernahme des Zaren- (= Kaiser-) Titels. So hieß es denn auch in einer prophetischen Legende (ebenfalls aus dem Anfang des 16. Jahrhunderts): »Alle Heiligtümer wird Gott dem großen Russischen Reich zu geeigneter Zeit übergeben, und die russischen Zaren wird er über viele Völker erhöhen ... es wird das leuchtende Rußland genannt werden.« Dies entsprach voll den Vorstellungen des Filofei von Pskow, und es wurde damit bereits damals ein religiöser Heilsauftrag Rußlands für alle Welt proklamiert. – Andererseits begründete die literarische Tätigkeit des Abtes *Iossif Sanin Wolozki* die absolute Herrschaft des Zaren auch über die russische Kirche. Beide Linien ziehen sich künftig durch die russische Kirchengeschichte bis ins 20. Jahrhundert hinein.

Im Jahre 1589 mußte der Ökumenische Patriarch die russische Kirche auch de jure in die seit 1459 beanspruchte Selbständigkeit (Autokephalie) entlassen, indem er die Errichtung eines Moskauer *Patriarchats* anerkannte (bisher waren die leitenden Geistlichen Metropoliten gewesen). Damit sollte zunächst das orthodoxe Gegengewicht in Rußland gegenüber dem katholischen und unierten Polen-Litauen gestärkt werden. Geschichtlich gesehen aber war es die Anerkennung der Bedeutung Moskaus, die die Konstantinopels inzwischen längst übertraf.

Auf ihrem Weg als Nationalkirche hat die Russische Orthodoxe Kirche noch schwere Krisen durchlebt und bestanden: Im Jahre 1654 führte Patriarch *Nikon* die dringend nötigen Revisionen der sinnentstellend abgeschriebenen liturgischen Texte recht ungeschickt als rigoristische Kirchenreform durch. Große Teile von Klerus und Kirchenvolk wollten die liebgewordenen Überlieferungen nicht den vermeintlichen »griechischen Neuerungen« opfern. Es kam zu einer Kirchenspaltung, die bis heute besteht: die *Altgläubigen* (genauer »Staroobrjádzy« = Altritualisten; früher: »Raskólniki« = Schismatiker) trennten sich von der orthodoxen Kirche. Ihre Positionen vertrat mit Leidenschaft ihr erster großer Wortführer, der Protopop *Awwakúm*. Sie spalteten sich in eine Reihe von Gruppen, die üblicherweise in den *Popówzy* (Priesteranhänger oder Altgläubige mit Priestertum) und *Bespopówzy* (Priesterlose oder Altgläubige ohne Priestertum) zusammengefaßt werden. Sie halten bis heute an ihrer Eigenständigkeit und an bestimmten rituellen Besonderheiten fest, wie dem Bekreuzigen mit zwei statt mit drei Fingern, dem Singen von zwei statt von drei Halleluja in der Liturgie, Gebrauch alter Ikonen und gottesdienstlicher Bücher. Sie haben auch jetzt eine beträchtliche Anhängerschaft; in Moskau begegnet man den Bespopowzy auf dem Preobrashenski-Friedhof, den Popowzy auf dem Rogoshski-Friedhof. 1971 hat die Russische Orthodoxe Kirche den Kirchenbann über die Altgläubigen aufgehoben.

Die Kirche im Russischen Reich zwischen 1700 und 1917

In Ausübung seines Rechts als absoluter Herrscher auch über die Kirche schaffte Zar *Peter I.* Anfang des 18. Jahrhunderts das Patriarchat ab und setzte den *Allerheiligsten dirigierenden Synod* als leitende Kirchenbehörde ein. Zum kaiserlichen Bevollmächtigten ernannte er einen »Oberprokuror« (wörtlich: Oberstaatsanwalt), der »Auge und Ohr« des Zaren in diesem Gremium sein sollte. Die russische Kirche war nun auch formaladministrativ in das russische Herrschaftssystem eingebunden. Zar *Paul I.* schließlich bezeichnete Ende des 18. Jahrhunderts den Kaiser als »Haupt der Kirche«.

Im 19. Jahrhundert wird ein neues Element eingefügt, das des russischen *Nationalismus*: Unter dem reaktionären Zaren *Nikolaus I.* teilte der Volksbildungsminister *Uwarow* mit, der Unterricht in Rußland sei auf der Grundlage der drei bewährten Prinzipien der *Autokratie,* der *Orthodoxie* und des russischen *Volkstums* (»narodnost«, ein schillernder Begriff, der auch mit »Nationalbewußtsein« wiedergegeben werden kann) zu erteilen. Aus der Kombination dieser Prinzipien erwächst in der zweiten Jahrhunderthälfte der *Panslawismus,* ein religiös überhöhtes Expansionsstreben zur Einigung aller slawischen Völker unter der Führung Rußlands. Andererseits muß auch die ursprünglich laientheologische Bewegung des *Slawophilentums* genannt werden, die kirchenpolitisch dem Panslawismus nahestand, aus der dann aber wesentliche Kräfte für die Erneuerung der Kirche im 20. Jahrhundert erwachsen sind. – Symbolfigur für die Funktion einer im ganzen konservativen Kirche in einem autokratischen Staat mit nationalistischen Tendenzen war der Oberprokuror *Pobedonószew,* dessen Amtszeit (1880–1905) erst durch die erste russische Revolution beendet wurde.

Zugleich aber ist das 19. Jahrhundert geprägt vom Bewußtwerden gesellschaftlicher, karitativer und volksaufklärerischer Aufgaben in der russischen Kirche (so blüht zum Beispiel das Kirchschulwesen auf); auf der anderen Seite nimmt besonders in der zweiten Jahrhunderthälfte und zu Beginn des 20. Jahrhunderts die theologische Wissenschaft einen ungeahnten Aufschwung.

Die Russische Orthodoxe Kirche seit 1917

Nicht erst die Oktoberrevolution, sondern schon die Februarrevolution von 1917 beendete die Stellung der Russischen Orthodoxen Kirche als einer bevorrechteten Staatskirche. Der Zar als ihr »Haupt« dankte ab. Zugleich wurden Reformkräfte freigesetzt, die seit Jahren eine Erneuerung anstrebten. Ein *Landeskonzil* wurde einberufen (August 1917), und als Zeichen für den Wandel wurde das Patriarchat wiederhergestellt: Der neugewählte Patriarch *Tichon* wurde im November 1917 in sein Amt eingeführt.

Doch angesichts der Verworrenheit der politischen Situation und vorgekommener Übergriffe gegen die Kirche verkündete der Patriarch bereits am 19. Januar 1918 das Anathema (den Kirchenbann) über die »offenen und versteckten Feinde« der Wahrheit Christi. Obwohl die Sowjetregierung mit *W. I. Lenin* an der Spitze nicht erwähnt wurde, sahen viele in ihr den Adressaten der Anathematisierung. Die Regierung ihrerseits veröffentlichte am 23. Januar 1918 das Dekret »Über die Trennung der Kirche vom Staat und der Schule von der Kirche«.

Die staatlichen Maßnahmen im Zusammenhang mit der Beschlagnahme der Kirchenschätze zur Bekämpfung der Hungersnot verschärften die Konfrontation. Patriarch Tichon wurde 1922 unter Anklage gestellt. Zugleich wurde die Patriarchatskirche durch die progressiven »Erneuerer«, besonders die »Lebendige Kirche« der Priester *Wwédenski* und *Krasnizki*, stark bedrängt; wieder drohte eine Spaltung. Doch schon 1923 lenkte der Patriarch gegenüber der Sowjetmacht ein, und nach seinem Tode erließ sein Nachfolger, der spätere Patriarch *Sergi*, eine »Deklaration«, in der es unter anderem hieß: »Wir wollen Rechtgläubige sein und gleichzeitig die Sowjetunion als unsere bürgerliche Heimat anerkennen, deren Freuden und Erfolge unsere Freuden und Erfolge, deren Mißerfolge unsere Mißerfolge sind.«

Die Regierung erließ unter dem 8. April 1929 eine Verordnung »Über die religiösen Vereinigungen«, die – mit geringen Veränderungen von 1932 und 1975 – noch heute fast uneingeschränkt gültig ist. Sie stellte unter anderem fest, daß religiöse Gemeinschaften keine juristischen Personen seien und kein Eigentum besitzen könnten. Es wurde die Bildung von kirchlichen Kooperativen und die Gründung von Kinder-, Jugend-, Frauen- und anderen speziellen Versammlungen sowie von Bibel-, Literatur- und Handarbeitszirkeln untersagt. Dies waren einschneidende Maßnahmen für die Tätigkeit der Religionsgemeinschaften. Zugleich wandten sich Staat und Partei gegen Übergriffe örtlicher Stellen im Zusammenhang mit der atheistischen Propaganda und der Kollektivierung der Landwirtschaft, wie zum Beispiel ungerechtfertigte Schließung von Kirchen. – Insgesamt gesehen waren die dreißiger Jahre von Repressionen gegen die Kirche und vom Rückgang kirchlicher Aktivitäten gekennzeichnet, während zur gleichen Zeit die Patriarchatskirche unter dem Metropoliten Sergi ihre Position gegenüber den »Erneuerern« festigen konnte.

Beim Überfall Hitlerdeutschlands auf die Sowjetunion 1941 reihte sich die Russische Orthodoxe Kirche von Anfang an in die Front der Verteidiger ein. Sergi selbst rief dazu auf, »die Kleingläubigen zu ermutigen, die Bedrückten zu trösten, die Wankelmütigen an die Pflicht und den Willen Gottes zu erinnern«. Es wurde zu Geld- und Sachspendensammlungen zugunsten der Front aufgerufen; die Kirche rüstete auf ihre Kosten eine Panzerkolonne aus, die den Namen »Dimitri Donskoi« erhielt. Die Regierung ihrerseits genehmigte 1943 die Durchführung einer Bischofssynode, die Sergi zum Patriarchen wählte. Sein Nachfolger wurde bereits 1945 der Metropolit *Alexi* von Leningrad; 1971 wurde Patriarch *Pimen* gewählt.

Nach dem Kriege konnte die russische Kirche auf der Grundlage der Verfassungsbestimmungen, besonders des Rechts auf Gewissensfreiheit und des Grundsatzes der Trennung von Kirche und Staat, ihren Dienst entfalten. Das ebenfalls gewährte Bürgerrecht auf atheistische Propaganda stellt sie immer wieder vor die Aufgabe, sich mit ihrer Verkündigungsarbeit auch auf überzeugte Religionslose und dem Glauben gegenüber indifferente Menschen einzustellen. Im sozialethischen Bereich legt sie das Hauptgewicht auf die Friedensarbeit, worin sie sich mit allen Bürgern ohne Unterschied von Religion und Weltanschauung eins weiß und auch über die Landesgrenzen hinaus wirkt. Diakonische Arbeit im Sinne der Anstaltsdiakonie gehört aufgrund der geltenden Gesetze nicht zum Tätigkeitsfeld der russischen Orthodoxie.

Seit 1961, der Weltkirchenkonferenz von *Neu-Delhi,* ist die russische Kirche auch voll in den Ökumenischen Rat der Kirchen integriert. Die geistliche Betreuung der im Ausland lebenden Glieder der Kirche ist der Verantwortung von *Exarchen,* auswärtigen Repräsentanten des Moskauer Patriarchen, übertragen. Zu ihnen gehören der Erzbischof von Berlin und Mitteleuropa und der Exarch von Westeuropa.

Andere christliche Konfessionen in der Sowjetunion

Neben der Russischen Orthodoxen Kirche gibt es eine Reihe anderer christlicher Kirchen und Gemeinschaften, die – bis auf die Evangeliumschristen/Baptisten – aber weithin national geprägt sind.

Eng verwandt mit der russischen Kirche ist die Georgische Orthodoxe Kirche, die zweite autokephale auf dem Gebiet der UdSSR. Die Armenische Apostolische Kirche gehört zur Familie der Orientalisch-orthodoxen (altorientalischen) Kirchen.

Auch der römische Katholizismus ist vertreten; er hat sein Schwergewicht in Litauen. Katholische Gemeinden gibt es auch in Lettland, in anderen Gebieten im Westen der Union und unter den Angehörigen der deutschen Minderheit.

Das Luthertum ist traditionell ebenfalls im Baltikum angesiedelt, in Lettland und Estland; eine kleine lutherische Kirche gibt es in Litauen. Eine beachtliche Zahl von evangelischen, vorwiegend lutherischen Gemeinden finden wir unter den Deutschen. Zu ihnen gehören auch reformierte Gemeindeglieder, während der Kalvinismus unter der ungarischen nationalen Minderheit im Transkarpatengebiet stark verbreitet ist. Reformierte Gemeinden existieren auch in Litauen.

Zum Protestantismus sind noch die Mennoniten zu rechnen, die über die ganze Sowjetunion verbreitet sind. Die unbestritten größte protestantische Glaubensgemeinschaft jedoch ist der Bund der Evangeliumschristen/Baptisten, der eine Reihe freikirchlicher Strömungen in sich vereinigt, den Baptismus, den Stundismus, die bodenständige Tradition des Molokanentums, die aus der Erweckung in Petersburg seit 1874 und der unter den Mennoniten nach 1860 entstandenen Bewegungen und schließlich – seit 1945 – Teile der Pfingstler.

Es würde hier zu weit führen, die Vielzahl christlicher Sondergemeinschaften (Sekten) oder die anderen Religionen zu nennen, die in der Sowjetunion anzutreffen sind.

Die orthodoxe Konfessionsfamilie

Die Orthodoxie versteht sich selbst als ein Bund gleichberechtigter »autokephaler« Landes- bzw. Nationalkirchen. *Autokephalie* bedeutet, daß das Oberhaupt der Kirche (ein Patriarch oder Erzbischof) nicht von einem übergeordneten Hierarchen eingesetzt, sondern von einem synodalen Gremium der eigenen Kirche unabhängig gewählt und dann inthronisiert wird. Daneben gibt es *autonome* Kirchen, die in ihrem inneren Leben selbständig, aber nach außen an eine Mutterkirche gebunden (ihrer »Jurisdiktion« unterstellt) sind.

Die Autokephalie wird jeweils von der Mutterkirche gewährt und muß von den anderen autokephalen Kirchen anerkannt werden. Da der Ökumenische Patriarch die geistliche Leitung auch für die außerhalb seines Jurisdiktionsbereichs lebenden Orthodoxen beansprucht, hat es bei der Gewährung der Autokephalie in diesem Jahrhundert gelegentlich Spannungen gegeben. Die Erlangung der Autokephalie ist für die meisten orthodoxen Nationalkirchen ein langwieriger historischer Prozeß gewesen, der im Mittelalter zugleich den Niedergang der Macht Konstantinopels und die Nationwerdung des jeweiligen orthodoxen Volkes anzeigte. Ursprünglich waren nur die fünf altkirchlichen Patriarchate »autokephal«.

Es folgt die Liste der Oberhäupter der heutigen autokephalen orthodoxen Kirchen, wie sie von der russischen Kirche gebraucht wird (in Klammern die Residenz):

1. Ökumenischer Patriarch und Erzbischof von Konstantinopel, dem Neuen Rom (Istanbul)
2. Papst und Patriarch von Alexandria und ganz Afrika (Alexandria)
3. Patriarch von Groß Antiochien und dem ganzen Osten (Damaskus)
4. Patriarch der Heiligen Stadt Jerusalem und ganz Palästinas (Jerusalem)
5. Patriarch von Moskau und ganz Rußland (Moskau)

6. Katholikos-Patriarch von ganz Georgien, Erzbischof von Mzcheta und Tbilissi (Tbilissi)
7. Erzbischof von Peć, Metropolit von Belgrad und Karlowitz, Patriarch von Serbien (Belgrad)
8. Patriarch von ganz Rumänien, Erzbischof von Bukarest (Bukarest)
9. Patriarch von Bulgarien (Sofia)
10. Erzbischof von Neu Justiniana und ganz Zypern (Nikosia)
11. Erzbischof von Athen und ganz Griechenland (Athen)
12. Metropolit von Warschau und ganz Polen (Warschau)
13. Metropolit von Prag und der ganzen Tschechoslowakei (Prag)
14. Erzbischof von Washington, Metropolit von ganz Amerika und Kanada (New York)

Die autokephale Kirche Albaniens, die in der Reihenfolge zwischen der griechischen und der polnischen steht, hat, soweit bekannt, zur Zeit kein Oberhaupt und keine Priesterschaft.

Gegenwärtig gibt es drei autonome orthodoxe Kirchen, und zwar die vom Sinai (unter dem Patriarchen von Jerusalem), die Finnische (unter der Jurisdiktion von Konstantinopel) und die Orthodoxe Kirche Japans (unter Moskauer Jurisdiktion).

Das gottesdienstliche Leben in der Orthodoxie

Die orthodoxen Kirchen sind im tiefsten Sinne »liturgische« Kirchen, das heißt, daß ihr Dienst vor Gott und an der Welt, der »Gottesdienst« im Ursinn des Wortes, sich vor allem im kultischen Rahmen und im kultischen Raum vollzieht. Ihr gottesdienstliches Leben kann für einen Nichtorthodoxen verwirrend sein und sich nur durch eine lange Erfahrung des Mitbetens und Mitfeierns erschließen. Im folgenden soll versucht werden, lediglich einen kleinen Überblick und einige Hilfen zu geben, um den Zugang zu ermöglichen; der nichtorthodoxe Gottesdienstteilnehmer soll mehr haben als das Gefühl bloßer Anwesenheit bei einem ihm zutiefst fremden Geschehen.

Die Gottesdienstordnungen aller orthodoxen Kirchen stimmen im wesentlichen miteinander überein. Auch die russische Kirche benutzt die Ordnungen, die in ihrem Grundbestand schon in der Alten Kirche gebraucht wurden.

Gottesdienst wird in der Orthodoxie grundsätzlich alle vierundzwanzig Stunden hindurch, Tag und Nacht, gefeiert. Damit wird das neutestamentliche Gebot »Betet ohne Unterlaß« (1. Thessalonicher 5, 17) in einem wörtlichen Sinn erfüllt. In Klöstern ist dies auch weithin die Praxis, nämlich in der Form des *Stundengebets (tschassý)*, zu dem alle drei Stunden gerufen wird. In den Pfarrkirchen sind die Gottesdienste gewöhnlich auf den Morgen/Vormittag und den Vorabend dazu beschränkt.

Der gottesdienstliche Raum, seine Gestaltung und Einrichtung

Wenn wir eine orthodoxe Kirche betreten, gelangen wir durch einen Vorraum in die Haupthalle der Kirche, die der Gemeinde vorbehalten ist. Sie wird nach vorn, nach Osten hin, von einer Bilderwand abgeschlossen, hinter der sich der Altarraum befindet. Rechts oder links vor der Bilderwand oder auf Emporen hält sich der Chor beziehungsweise halten sich die Chöre auf. Am Eingang befindet sich üblicherweise ein Stand, an dem Kerzen gekauft werden können. Diese werden von den Gläubigen vor den Ikonen aufgestellt und angezündet. Oft steht die Gemeinde so dichtgedrängt, daß die Kerzen nach vorn weitergereicht werden müssen mit der Bezeichnung der Ikone, vor die sie gestellt werden sollen. Die Ikone des Kirchenjahresfestes, des Tagesheiligen oder des Ereignisses, dem der jeweilige Gottesdienst gewidmet ist, liegt auf einem Pult *(analói, nalói)* aus, neben dem ein Leuchter steht.

Die Bilder- oder Ikonenwand *(ikonostás)* besitzt drei Türen, die die Verbindung zwischen Altarraum und Kirchenraum herstellen. Der Altarraum darf nur von Männern betreten werden, durch die mittlere, die Haupttür, *Königstür (zárskije wratá)* genannt, dürfen nur solche mit geistlichen Weihen schreiten. Der *Altar* (»Thron«, *prestól*), ein Kubus hinter der Königstür, ist mit einem Leinentuch mit der Darstellung der Grablegung Christi, in das ein Reliquienteilchen eingenäht ist, bedeckt (»Antimension«, *antimíns*). Hinter dem Tuch steht der Brotbehälter; Evangelienbuch, Kerzen und Korporale (ein Abdecktuch) davor. Hinter dem Altar stehen ein Tragekreuz mit der Abbildung des Gekreuzigten, der siebenarmige Leuchter mit Öllämpchen und die *Rhipídien*, zwei Fächer, die die sechsflügligen Seraphim darstellen. Linkerhand vom Altar befindet sich der Opfertisch, die *Próthesis (shértwennik)*. Das ist ein kleiner Rüstaltar, auf dem die Opfergaben vorbereitet werden, die zur Eucharistie (hl. Abendmahl) benötigt werden. Folgende Gegenstände liegen auf der Prothesis: der *Dískos*, ein Teller mit einem Fuß, auf dem die zurechtgeschnittenen Brotteilchen angeordnet werden;

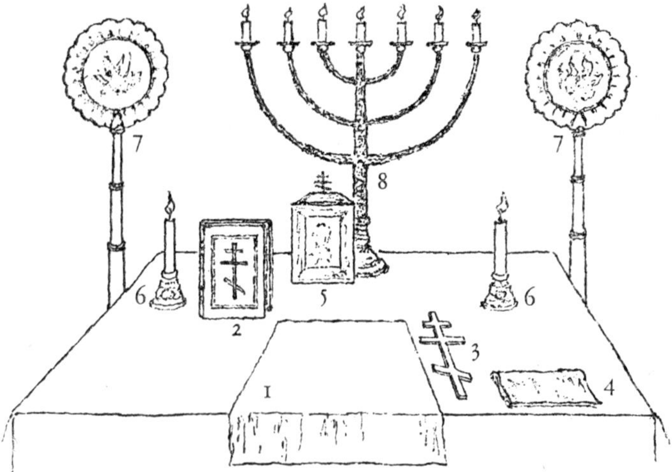

1 Antimension 2 Evangeliar 3 Handkreuz 4 Abdecktücher 5 Brotbehälter 6 zwei Leuchter mit Kerzen 7 zwei Rhipidien (Wedel mit Cherubendarstellung) 8 siebenarmiger Leuchter

Orthodoxer Altar (»Thron«, prestol) mit den wichtigsten Gegenständen

der *Kelch*; das *Zibórium*, ein Deckelgefäß, in dem geweihtes Brot im Brotbehälter aufbewahrt wird; der *Löffel*, mit dem der Zelebrant die Brotteilchen aus dem mit Wein und Wasser gefüllten Kelch zur Kommunion schöpft; zwei Kännchen für Wein und Wasser, das im *Zéon*, dem entsprechenden Ritus, in den Kelch mit dem Wein gegossen wird; der *Asterískos*, eine Haube aus zwei gekreuzten Metallbändern, die über den Diskos gestellt wird; die *Lanze* zum Zerteilen des Brotes, das auf dem Opfertisch liegt; Schwamm und Tücher zur Reinigung der Gefäße nach der Benutzung; Leuchter; ein Antimension mit der Darstellung der Kreuzesabnahme; eine Ikone der Geburt Christi; neben dem Opfertisch hängt das Weihrauchfaß und steht der Wasserkrug mit dem sogenannten *Bassin*, das der Subdiakon zusammen mit einem Handtuch dem Zelebranten zur Handwaschung reicht.

Rechts vom Altar befindet sich das *Diakonikón*, eine Sakristei, manchmal als abgeteilter Raum, in dem die gottesdienstlichen Geräte, die Gewänder und Bücher aufbewahrt werden. Hier erfolgt auch die Einkleidung der Zelebranten. In größeren Kirchen dient das Diakonikon auch als Bibliothek und als Gesprächsraum.

Die Träger der gottesdienstlichen Funktionen: Gemeinde, Helfer, Priester, Bischöfe

Die Gottesdienste der orthodoxen Kirche werden, soweit es eucharistische Gottesdienste sind, immer von ordinierten Amtsträgern, entweder einem *Bischof* oder einem *Priester*, geleitet. In Haupt- und Kathedralkirchen sowie zu hohen Festen sind in einem Gottesdienst neben dem Bischof auch mehrere Priester tätig. Bei besonders festlichen Gelegenheiten können auch mehrere Bischöfe zelebrieren. Zu den an der Zelebration Beteiligten gehören weiter die *Diakone*, bei Bischofsgottesdiensten auch *Subdiakone*. Die Diakone stehen auf der untersten Stufe der priesterlichen Weihen. Subdiakone und *Lektoren* bilden den Übergang zu den im Gottesdienst tätigen Laien wie *Psalmsängern, Küstern* und *Chorsängern*. Die Amtsträger oder Zelebranten sind während des Gottesdienstes durch ihre Gewänder kenntlich und voneinander zu unterscheiden.

Der Diakon als der im geistlichen Range Niedrigste trägt ein knöchellanges Gewand mit langen weiten Ärmeln, das *Stichárion*. Es hat seinen Ursprung in der antiken Tunika. Über der linken Schulter hängt das *Orárion*, ein mit Kreuzen besticktes breites Stoffband, das am Rücken und auf der Brust frei herunterhängt. An ihm ist der Diakon immer zu erkennen. Beim Beten der *Ektenien*, der Fürbittgebete, hält der Diakon das Orarion mit der rechten Hand in die Höhe. Außer mit dem Sticharion und dem Orarion ist der Diakon mit den *Epimanikien*, Armstulpen, bekleidet.

1 Sticharion 2 Epitrachilion
3 Gürtel 4 Epimanikien
5 Phelonion 6 Epigonation

1 Sticharion 2 Epimanikien
3 Orarion 4 Weihrauchfaß (Kadílo)

Gottesdienstliche Kleidung des Priesters (links)
Gottesdienstliche Kleidung des Diakons (rechts)

Auch die Helfer im Gottesdienst, Lektoren, Psalmsänger usw. tragen als gottesdienstliches Gewand das Sticharion, aber ohne zusätzliches Kleidungsstück. Davon ausgenommen sind die Subdiakone, die ebenfalls das Orarion tragen – als ein langes Stoffband, das aber hier auf der Brust wie ein Gürtel geschlungen wird, sich auf dem Rücken und auf der Brust kreuzt und dessen Enden rechts und links unter dem Teil befestigt werden, der den Gürtel bildet.

Der Priester ist ebenfalls in das Sticharion gekleidet; es hat

1 Sticharion 2 Sakkos
3 Omophorion 4 Mitra
5 Epigonation (Páliza)
6 Enkolpien (Panhagien)
7 Trikerion und Dikerion

1 Überrock (Rjássa)
2 Mandyas (Mántija)
3 Bischofsstab (Shesl)
4 Kamelauchion (Klobúk)
5 Enkolpien (Panhagien)

Gottesdienstliche Kleidung eines Bischofs (links)
Amtstracht eines Bischofs (rechts)

hier jedoch enge Ärmel. Auch er trägt die Epimanikien. Über das Sticharion wird das *Epitrachilion* gelegt – es ist ein um den Hals gelegtes Stoffband, das vorn als Doppelstreifen herabhängt und der Stola in der römisch-katholischen Kirche entspricht. Es ist das eigentliche Kennzeichen des Priesters, ohne das er keinerlei liturgische Dienste verrichten kann. Über dem Epitrachilion trägt er einen *Gürtel.* Als Obergewand hüllt ihn das *Phelónion* ein, das der Kasel der römischen Kirche entspricht. Vorn ist es gekürzt, so daß der Priester die Arme bewegen kann. Den Rücken schmückt ein appliziertes oder gesticktes Kreuz. Im Unterschied zum Diakon trägt der Priester ein Brustkreuz, und zwar sowohl zur liturgischen wie auch zur priesterlichen Alltagskleidung.

Auch der Bischof ist in die Priestergewandung gekleidet; nur tritt bei ihm anstelle des Phelonions der *Sákkos*, ein schweres, etwa knielanges, kostbar gesticktes Gewand. In der russischen Kirche ist der Sakkos an den Seiten und Ärmeln geschlitzt. Er entspricht der römischen Dalmatika und wurde anfänglich nur vom Patriarchen von Konstantinopel getragen. Erst am Beginn des 18. Jahrhunderts übernahmen die russischen Bischöfe den Sakkos und ersetzten durch ihn das Phelonion. So sieht man auf alten Ikonen Bischöfe noch in letzteres Gewand gekleidet.

Über dem Sakkos trägt der Bischof das ihn eigentlich auszeichnende Gewandstück, das *Omophórion.* Es ist ein 25 bis 30 Zentimeter breiter und dreieinhalb bis vier Meter langer Stoffstreifen, gewöhnlich aus Seide und in heller Farbe. Es ist mit mindestens fünf großen Kreuzen geschmückt. Beim Anlegen wird es vom Diakon mehrmals so gewendet, daß es sowohl vorn als auch hinten auf dem Sakkos ein Gabelkreuz bildet; es ist gleichen Ursprungs wie das Pallium der bischöflichen Tracht des katholischen Westens. Bei bestimmten Anlässen legt der Bischof das kleine Omophorion an, das kürzer und schmaler ist, einfach um den Hals gelegt wird und auf der Brust niederfällt.

Über dem Sakkos trägt der Bischof an der rechten Seite etwa in Kniehöhe ein rhombenförmiges Gewandstück, das *Epigonátion* (kirchenslaw. *páliza*), das mit einem aufgestickten Kreuz oder Schwert geschmückt ist. In einer etwas veränderten, nämlich rechteckigen Form kann das Epigonation auch an verdiente Priester als Auszeichnung verliehen werden (kirchenslaw. *nabédrennik*), aber auch die Paliza wird an Priester verliehen. Auf der Brust tragen die Bischöfe wie die Priester ein Kreuz, bei jenen kommt ein Medaillon *(Enkólpion)* hinzu, die Darstellung der Gottesmutter mit dem Kinde, *Panhagía* genannt. Gelegentlich wird eine zweite Panhagia als Auszeichnung verliehen. Ein zelebrierender Bischof ist vom Priester am sichersten durch seine Panhagia zu unterscheiden.

Die liturgische Kopfbedeckung des Bischofs ist die *Mitra*. Sie besteht aus einem Reifen mit darüber gespannten gekreuzten Bügeln; dieses Gerüst ist dann mit Stoff überzogen. Die Mitra ist reich geschmückt, sie zeigt bildliche Darstellungen und auf der Mitte ein Kreuz. In der russischen Kirche tragen nur der Patriarch und einige Metropoliten die Mitra mit einem aufrecht stehenden Kreuz, bei den anderen ist das Kreuz liegend angebracht. Das Recht, im Gottesdienst die Mitra zu tragen, kann als Auszeichnung auch an Priester verliehen werden. Zu den Insignien des Bischofs gehört weiter ein Stab, der am oberen Ende ein Querholz mit zwei einander entgegengesetzten Krümmungen aufweist (kirchenslaw. *shesl*). Er symbolisiert das Hirtenamt des Bischofs. Bei der Bischofsweihe wird er als einzige Insignie mit einem eigenen Wort an den zu Weihenden überreicht: »Nimm den Stab, damit du die dir von Christus anvertraute Herde weidest. Denen, die willig sind, sei Stab und Stütze, die Ungehorsamen aber und die Heuchler mögest du, nachdem du sie mit dem Stab verfolgt hast, mit dem Stab erziehen.« Während des Gottesdienstes segnet der Bischof die Anwesenden mit zwei Leuchtern: In der Rechten hält er das *Trikírion* mit drei Kerzen, in der Linken das *Dikírion* mit zwei Kerzen. Unter seine Füße werden ihm kleine Teppiche mit der Darstellung eines über eine Stadt fliegenden Adlers *(orléz)* gelegt.

Alle diese Stücke sind im Lauf einer langen historischen Entwicklung aus der mittelalterlichen byzantinischen Hoftracht hervorgegangen; jetzt werden sie weithin symbolisch gedeutet. Diese Deutungen werden in den Gebeten artikuliert, die beim Anlegen der Kleidungsstücke gesprochen werden. So stellt zum Beispiel das Omophorion das verlorene Schaf dar, das der Gute Hirte auf der Schulter zurückträgt; das Epitrachilion bezeichnet die Gnade, die von oben kommt und den Priester gewissermaßen überströmt.

Am Gottesdienst beteiligt sind aber nicht nur die Zelebranten und die Helfer, sondern vor allem das betende Volk Gottes als Teil der alle Zeiten und Räume umspannenden weltweiten Kirche, ja der Gemeinschaft der Glaubenden im Himmel und auf der Erde, die gemeinsam Gott mit einer Zunge lobt und preist.

Die Bischöfe in der orthodoxen Kirche gehören grundsätzlich

dem *Mönchsstand* an. Der unterste Rang innerhalb der Mönchsgeistlichkeit ist der des *Mönchsdiakons (ierodiákon)*; bei besonderen Verdiensten kann er zum Archidiakon erhoben werden. Der nächsthöhere Rang ist der des *Mönchspriesters (ieromonách)*. Mönchspriestern kann auch der Titel eines *Abtes (igúmen*, griech. *hegúmenos)* oder eines *Archimandriten* zuerkannt werden, ohne daß er immer eine entsprechende klösterliche Funktion bezeichnen müßte. Bevor ein Mönchsgeistlicher zum Bischof geweiht wird, erhebt man ihn immer zum Archimandriten. Die Diakonats- und die Priesterweihe werden von einem Bischof gespendet; es kommt vor, daß andere Bischöfe dabei mitwirken. Die Bischofsweihe jedoch muß immer von mehreren Bischöfen gemeinsam *(sobór jepískopow)* vollzogen werden. Unter den Bischöfen gibt es der geistlichen Weihe nach keine Unterschiede, jedoch Rangstufen nach der Größe der Aufgabe und Verantwortung und als Würdigung von Verdiensten: Bischöfe, Erzbischöfe, Metropoliten; an der Spitze der Patriarch. Diese Ränge sind an der Kleidung erkennbar. Bischöfe tragen den Mönchshabit, die schwarze *Rjássa*, eine einfache schwarze zylindrische Kopfbedeckung mit einem Schleier, den *Klobúk*. Erzbischöfe kann man am Kreuz auf dem Klobuk erkennen. Die Metropoliten haben einen weißen Klobuk mit weißem Schleier. Der Patriarch in der russischen Kirche trägt eine eigene Kopfbedeckung, weiß, kappenartig, mit einer Cherubendarstellung auf der Vorderseite und mit auf die Schultern herabhängenden Zipfeln.

Die Mönchsgeistlichkeit wird auch »schwarze Geistlichkeit« (nach dem dunklen Mönchshabit) genannt, im Unterschied zur »weißen« oder Weltgeistlichkeit, die nach dem hellen Leibrock *(podrjásnik)* dieser Geistlichen so heißt. Weltgeistliche – Diakone und Priester – dürfen verheiratet sein, jedoch müssen sie sich vor der Weihe verehelichen. Ein geweihter Priester darf also grundsätzlich nicht heiraten, auch nicht, wenn er verwitwet ist. Eine zivilrechtliche Ehescheidung hat den Verlust des Priesteramtes zur Folge. Da nur Mönchsgeistliche zum Bischof geweiht werden können, treten des öfteren verwitwete Priester in den Mönchsstand ein, so daß auch ihnen der Weg zum Bischofsamt offensteht. Für verheiratete Priester, die zum Bischof geweiht werden sollen, gibt es die Möglichkeit der einvernehmlichen Trennung von ihrer Ehefrau, die sich dann üblicherweise auch »scheren« läßt, das heißt Nonne wird. Zivilrechtlich besteht eine solche Ehe formal weiter.

Auch für die Weltgeistlichkeit gibt es höhere Ränge: Der Diakon kann zum *Protodiákon* ernannt werden, der Priester *(swjastschénnik* = wörtlich »der Geweihte«) zum Erzpriester *(protoieréi)* oder, in besonderen Ausnahmefällen, zum Protopresbyter *(protopreswíter).* Größere Kirchen haben meistens mehrere Priester, gewöhnlich vier, von denen der ranghöchste »Vorsteher« *(nastojátel)* genannt wird, ein weiterer Rang ist der des »Schlüsselbewahrers« *(kljutschár).* Eine administrative Funktion auf der Ebene zwischen Pfarrgemeinde *(prichód)* und Bischofssprengel *(Eparchie, jepárchija)* nimmt der *Propst (blagotschinny)* wahr, sein Bereich ist der »Kirchenkreis« *(zerkówny ókrug);* sowohl dieser als auch seine Funktion können als *Propstei (blagotschinije)* beschrieben werden.

Die gelegentlich auch im Deutschen immer noch zu hörende Bezeichnung des orthodoxen Priesters als »Pope« ist eine Diskriminierung und sollte darum vermieden werden. »Pope« ist ein ähnliches Schimpfwort wie das deutsche »Pfaffe«.

Für Bart- und Haartracht orthodoxer Geistlicher gibt es keine bindenden Vorschriften, bestenfalls überlieferte Sitte und die Wünsche der Gemeindeglieder. Langes Bart- und Haupthaar ist auch hier eine Modesache und als solche dem Wechsel unterworfen.

Die Gottesdienstformen

Die gottesdienstlichen Zyklen

Der vierundzwanzigstündige Gottesdienst der orthodoxen Kirche hat seine Struktur in den *Stundengebeten (Hóren,* kirchenslawisch *tschassý*) gefunden. Während die Stunden in vielen orthodoxen Lokalkirchen nur noch in den Klöstern gebetet werden, sind sie in der russischen Kirche auch in vielen Gemeindekirchen üblich.

Der liturgische Tag beginnt am Vorabend. So steht am Anfang des Sonntags der Abendgottesdienst (griechisch *hesperinós*, kirchenslaw. *wetschérnja*) am Samstagabend. Es folgen der Mitternachtsgottesdienst (griech. *mesonýktion*, kirchenslaw. *polunóstschniza*); der Morgengottesdienst (griech. *órthros*, kirchenslaw. *útrenja*); die erste, dritte und sechste Stunde; die *Göttliche Liturgie* (griech. *Théia Leiturgía*, kirchenslaw. *Boshéstwennaja Liturgíja*), der eucharistische Hauptgottesdienst oder die Messe; schließlich die neunte Stunde.

In der liturgischen Praxis überlagern und durchdringen sich vier Zyklen. So haben gottesdienstliche Feier und gottesdienstliches Gebet an jedem Tag ihren besonderen Charakter. Zunächst gibt es den *Zyklus der Woche*. Jeder Wochentag ist mit einem bestimmten Thema verknüpft. Die Woche beginnt mit dem Sonntag. Er ist seit undenklichen Zeiten der erste Tag der Woche, während der Sabbat, der Sonnabend (russ. *subbóta*) der letzte ist. Erst in jüngster Zeit ist aus praktischen Gründen der Montag als erster Arbeitstag zum Wochenbeginn gemacht worden. Der tiefe Sinn dafür, die Woche mit dem Sonntag beginnen zu lassen, liegt darin, der Tat Gottes zu gedenken: der Schöpfungstat – »Am Anfang schuf Gott Himmel und Erde ... Da ward aus Abend und Morgen der erste Tag« (1. Mose 1, 1 und 5), aber auch der Erlösungstat, der Auferweckung Christi von den Toten – »Und sie kamen zum Grabe am ersten Tag der Woche ...« (Markus 16, 2). Gottes Handeln geht allem menschlichen Tun und Handeln vorauf. Jeder Sonntag ist sozusagen ein Schöpfungs- und ein Auferstehungs-, ein Osterfest. Die orthodoxe Kirche hat das besonders festgehalten.

Der Montag ist den heiligen Engeln, den himmlischen Mächten, gewidmet; der Dienstag dem Gedächtnis Johannes des Täufers und der Propheten; der Mittwoch und der Freitag dem Kreuz Jesu (sie sind Fastentage); der Donnerstag den Aposteln und Bischöfen, besonders dem hl. Nikolaus; der Sonnabend allen Heiligen und den Verstorbenen.

Der zweite Zyklus ist der *Acht-Wochen-Zyklus* (griech. *oktoéchos*, kirchenslaw. *oktoích*). Er ergibt sich aus den acht byzantinischen Kirchentönen, die jeder eine Woche lang gesungen werden, falls nicht ein Fest der ersten oder zweiten Klasse die

Stücke dieses Zyklus verdrängt. Er beginnt mit dem Sonntag nach Ostern, dem Sonntag des Apostels Thomas.

Der dritte ist der *Zyklus der beweglichen Feste* des Kirchenjahres, die sich um das Osterfest gruppieren. Er umfaßt 18 Wochen: zehn Wochen Vorbereitung auf das Osterfest, Ostern selbst und acht Wochen nach Ostern bis zum Sonntag nach dem Pfingstfest (Sonntag Aller Heiligen).

Der letzte schließlich ist der *Zyklus der unbeweglichen Feste* des Jahres. Er beginnt mit dem 1. September und endet am 31. August des liturgischen Jahres.

Es liegt auf der Hand, daß durch Überschneidungen vor allem der beweglichen Feste mit den unbeweglichen mannigfache Probleme entstehen. Für alle derartigen Fälle aber sind feste Regelungen vorgesehen. So kann etwa das Fest der Verkündigung an Maria (25. März) auf Sonntage in der Fastenzeit, auf den Palmsonntag oder auch auf Ostern fallen. Fällt es beispielsweise auf den Palmsonntag, so werden teils Stücke vom Verkündigungsfest, teils solche vom Palmsonntag verwendet, die Epistel zur Verkündigung, das Evangelium zu Palmsonntag.

Die Sprache des Gottesdienstes

Es ist eine Eigenheit der orthodoxen wie der altorientalischen Kirchen, daß sie in ihren Gottesdiensten die jeweiligen Volkssprachen verwenden. So feiert die Koptische Kirche ihre Gottesdienste in koptischer Sprache, die Armenische in armenischer usw. Auch die Slawen erhielten unter dem Einfluß der byzantinischen Mission und kirchlichen Organisation ihre eigene Schriftsprache, das *Kirchenslawische.* Das ist vor allem auf die Brüder Kyrill (Konstantin) und Method zurückzuführen, die im 9. Jahrhundert diese Sprache auf der Grundlage eines südslawischen Dialekts fixierten. Noch heute werden in den slawischen Ländern die Gottesdienste in der kirchenslawischen Sprache gehalten (also auch in Serbien, Mazedonien, Bulgarien, Polen usw.). Die modernen Nationalsprachen hingegen haben sich von der kirchenslawischen Sprache weit entfernt, und dem Zeitgenossen ist ein großer Teil der liturgischen Texte unverständlich, wenn er keine Einführung erhält. Aber auch in der Russischen Orthodoxen Kirche wird am Kirchenslawischen festgehalten, nicht zuletzt auf Wunsch des an das Althergebrachte gewöhnten Kirchenvolks. Nur bei sehr mißverständlichen Wörtern werden gelegentliche, äußerst vorsichtige Modernisierungen vorgenommen.

In den orthodoxen Auslandskirchen hingegen gibt es seit längerem Gottesdienste in der jeweiligen Landessprache, zum Beispiel in englisch oder französisch. In Deutschland sind bereits im 19. Jahrhundert die ersten liturgischen Texte ins Deutsche übersetzt worden.

Die gottesdienstliche Predigt aber wird immer in der jeweiligen Volkssprache gehalten.

Die gottesdienstliche Musik

Eine wichtige Rolle spielt die Musik im orthodoxen Gottesdienst. Sie ist reine Vokalmusik; im Gottesdienst erklingen keinerlei Instrumente, denn die Töne sind der Sprache zugeordnet, und die Musik dient somit allein dem Wort.

Freilich haben einige altorientalische Kirchen Musikinstrumenten den Weg in den Gottesdienst freigegeben, so die koptische und die äthiopische Kirche, in denen Trommeln, kleine Glocken und Schellen verwendet werden. In der armenischen Kirche werden seit dem 19. Jahrhundert europäische Instrumente benutzt, Orgel und Harmonium. Bei festlichen Anlässen sind in den Gottesdiensten der armenischen Diaspora manchmal ganze Orchester zu hören.

Dies sind aber die Ausnahmen unter den Ostkirchen.

Ohne Gesang gibt es keinen öffentlichen orthodoxen Gottesdienst, und sei es nur die gesungene kurze Antwort auf einen Lobpreis *(Doxologie)*, den der Priester spricht. Mitunter wird die Durchführung des Gottesdienstes ganz einfach »Singen« oder »Gesang« (russ. *pénije*) genannt. Der Gesang ist nun nicht nur eine Verschönerung des Gottesdienstes; vielmehr ist undenkbar, daß er unterbleiben könnte, denn dann müßten auch die Worte aus dem Gottesdienst verschwinden. Die Musik ist nämlich kein eigenständiges Element des Gottesdienstes neben dem Wort, sondern sie hat eine Funktion für das Wort, besser: ist Funktion des Wortes; sie ist ganz geformt vom liturgischen Text und der liturgischen Handlung. Im Verlauf des Gottesdienstes repräsentiert der Gesang die ganze Gemeinde; der Kirchenchor ist der Vertreter der Gemeinde der Gläubigen und singt für sie, etwa das »Herr, erbarme dich« (kirchenslaw. *Góspodi, pomílui*) als Antwort auf die einzelnen Bitten der Ektenien, der Bittgebete, oder das »Amen«, ebenso das Vaterunser und das Glaubensbekenntnis. Diese letzten beiden Stücke werden in der russischen Kirche jetzt häufig von der ganzen Gemeinde gesungen.

Grundlage der orthodoxen Kirchenmusik ist das System der *acht Kirchentöne* (griech. *échoi*, kirchenslaw. *glássy*), wie wir sie auch für das gregorianische Singen in der Westkirche antreffen. Auf dieser Grundlage hat sich die Kirchenmusik in den einzelnen nationalen Kirchen sehr mannigfaltig entwickelt. Während die liturgischen Texte in den orthodoxen Kirchen überall fast dieselben sind – freilich in der jeweiligen Sprache, wie Griechisch, Kirchenslawisch, Rumänisch –, hat auf musikalischem Gebiet in jeder Nationalkirche eine eigene Entwicklung stattgefunden. Dabei haben im Lauf der Jahrhunderte die verschiedensten Faktoren auf die Formen des gottesdienstlichen Singens eingewirkt.

Besonders gilt das für die Russische Orthodoxe Kirche; ihr Kirchengesang steht in den orthodoxen Kirchen als eine eigenständige Erscheinung da. Lange Zeit hindurch wurde auch in Rußland nur einstimmig (monodisch) gesungen, wie es in der heutigen griechischen Kirche immer noch fast ausschließlich, in den anderen orthodoxen Kirchen weithin üblich ist. Seit der Mitte des 17. Jahrhunderts aber drang von der Ukraine her das mehrstimmige Singen ein, das sich nach den Gesetzen des westlichen musikalischen Systems richtete. Diese Mehrstimmigkeit verdrängte die anderen Formen des Gesangs, und die heutige Art zu singen bildete sich endgültig im Laufe des 18. Jahrhunderts heraus. Heute wird in der russischen Kirche ausschließlich die Mehrstimmigkeit angewendet; wenn wenigstens zwei Sänger anwesend sind, wird nicht einstimmig gesungen. So ist auch in den kleinsten Gemeinden ein Kirchenchor vorhanden.

Im Laufe der Entwicklung zum Chorgesang nach westeuropäischem Vorbild mußten die alten Kirchentöne mit dem neuen System in Einklang gebracht werden. Dabei haben sich verschiedene Gesangsarten entwickelt. Entweder wurden die überlieferten Weisen harmonisiert und so mehrstimmig gesungen, wobei sie auch selbst Veränderungen unterworfen sein konnten, oder es wurden überhaupt neue Kompositionen einschließlich der Melodien geschaffen.

Zwei Stilarten des russischen Kirchengesangs sind im wesentlichen zu unterscheiden: der Stil der *Petersburger Schule,* hervorgegangen aus der Kaiserlichen Hofkapelle, und der Stil der *Moskauer Schule.* In der Petersburger Schule hatten sich in der Mitte und gegen Ende des 18. Jahrhunderts italienische musikalische Einflüsse ausgewirkt. Kirchenkomponisten dieser Richtung sind zum Beispiel *D. Bortnjanski* (1751–1825), dessen Sätze auch in die Agende der Evangelischen Kirche der Altpreußischen Union Eingang gefunden hatten, und *A. Wedel* (1770–1806). Später beeinflußten der deutsche Choralsatz und die Romantik das kirchenmusikalische Schaffen in Rußland. Als Komponisten dieser späteren Periode wären *A. Lwow* (1799 bis 1871), *G. Lwowski* (1830–1894) und *A. Archangelski* (1846 bis 1924) zu nennen. Wichtigste Merkmale dieses Stils sind die strenge Vierstimmigkeit, die Beobachtung der Regeln der Harmonielehre des deutschen Chorals, der cantus firmus in der Oberstimme, begleitet in Sext- oder Terzparallelen von einer anderen Stimme, Vorliebe für den Dominantseptakkord.

Die zweite Richtung, die der Moskauer Schule, entwickelte sich erst zu Beginn des 20. Jahrhunderts. Nach einem gründlichen Studium der alten liturgischen Melodien und des mehrstimmigen russischen Volksgesangs wurden Kompositionen für den gottesdienstlichen Gesang geschaffen. Die bedeutendsten Komponisten dieses Stils waren *A. Kastalski* (1856–1926), *P. Tschesnokow* (1877–1944), *A. Nikolski* (1874–1943) und *W. Kalinnikow* (1866–1900). Merkmale dieser Kompositionen sind das Abgehen von der strengen Vierstimmigkeit; der cantus firmus ist nicht immer in der Oberstimme, sondern oft im Baß; die überlieferte Melodie wird aber unter keinen Umständen geändert.

In Rußland hatte sich ein eigener Kreis spezifischer Kirchenkomponisten gebildet. Jedoch auch andere Tonkünstler schufen kirchenmusikalische Kompositionen, so etwa *P. I. Tschaikowski* und *N. Rimski-Korsakow*. Aber nur wenige Werke haben sich in der liturgischen Praxis bewährt. *S. Rachmaninows* »Wsenostschnaja« (op. 37), 1915 entstanden, wird als der Gipfel der Entwicklung in der Moskauer Schule angesehen.

Auch die Kirchenchöre haben sich im Lauf der Zeit gewandelt. Zunächst waren es reine Männerchöre; in der Mitte des 18. Jahrhunderts sind in der Kaiserlichen Hofkapelle schon Knabenstimmen nachweisbar. Frauenstimmen wurden erst um 1880 durch den Komponisten Archangelski in den geistlichen Chorgesang eingeführt. Heute können drei Typen von Chören und des Kirchengesangs überhaupt unterschieden werden. Der erste ist der Kathedraltyp: Große gemischte Chöre (bis zu 150 Sängern) singen ein stilistisch einheitliches Repertoire. Der zweite, der Pfarrkirchentyp, weist kleinere gemischte Chöre in Stärke von zwölf bis dreißig Sängern auf, eine stilistische Einheit im Repertoire kann nicht immer vorausgesetzt werden. Schließlich gibt es noch den Gesang der Chöre in den Klöstern: Sie singen traditionsgemäß einfach nach dem Gehör harmonisierte Sätze, kaum komponierte Gesänge. Besonders typisch für Klosterchöre ist das Singen nach dem *Kanonarchen* (Vorsänger), der Satz um Satz auf einen Ton souffliert, worauf der Chor die Sätze singend, oft in schlichter Mehrstimmigkeit, wiederholt.

Der Charakter der gottesdienstlichen Texte

Die heutige Gestalt der gottesdienstlichen Ordnungen ist in Jahrhunderten gewachsen. Einzelne Stücke des Gottesdienstes haben dabei eine mannigfache Entwicklung durchgemacht: Sie wurden erweitert, gekürzt und durch andere Stücke ersetzt.

Im folgenden seien einige Texte exemplarisch herausgegriffen. An erster Stelle sind die *Psalmgebete* und *Lesungen* aus dem Alten und dem Neuen Testament zu nennen. Sie sind seit den Anfangszeiten der Kirche Bestandteile der gottesdienstlichen Feiern gewesen (siehe zum Beispiel Kolosser 3, 16; 1. Timotheus 4, 13; Apostelgeschichte 2, 42). Zu ihnen können wir die *Einsetzungsworte* bei der Eucharistiefeier zählen. Ferner sind Gebete zu nennen, zuerst biblische wie das *Vaterunser* (Matthäus 6, 9–13) oder der *Lobgesang des Simeon* (Lukas 2, 29–32), dann selbständig formulierte. Weiter ergehen *Aufforderungen*: »Lasset uns beten!«, *Begrüßungen* werden ausgetauscht: »Friede sei mit euch!« – »Und mit deinem Geist!«. Es gibt Gebete, die im Wechsel von Vorbeter (Diakon) und Gemeinde gesprochen werden, die Ektenien oder *Synápten*: Der Chor, der heute ja weithin die Funktion der Gemeinde übernommen hat, beantwortet die einzelnen Gebetsanliegen mit dem Ausruf »Herr, erbarme dich« *(Góspodi, pomílui).*

Die Psalmgebete sind bereits früh erweitert worden, indem etwa bestimmte Verse als Refrain wiederholt zitiert wurden, oder man dichtete neue Verse und Gebete frei hinzu: die *Tropárien,* besonders die *Stichiren.* Dann lag es nahe, diese Gebete im Wechsel zwischen zwei Chören oder zwischen Vorbeter und Chor auszuführen. Heute gibt es eine sehr große Zahl von Troparien, die an vielen Stellen des Gottesdienstes eingefügt sind. Zu den bekanntesten gehört das Troparion »Eingeborener Sohn« (»Jedinoródny Sýne«), das dem Kaiser *Justinian* (6. Jahrhundert) zugeschrieben wird und in der Göttlichen Liturgie nach der zweiten Antiphon gesungen wird.

Eine weitere Gattung gottesdienstlicher Dichtung ist das *Kontákion.* Die Kontakien sind bis auf einige Reste heute aus den Gottesdiensten verschwunden. Es waren lange Gesänge, die aus vielen Strophen gleichen Aufbaus bestanden und als Predigt in Versen bezeichnet werden können. Diese Form ist wohl unter dem Einfluß der altsyrischen Dichtung entstanden. Im gottesdienstlichen Gebrauch haben sich bis heute das Weihnachtskontakion des *Romanos* (6. Jahrhundert) und der *Akáthistos-Hymnus* auf die Gottesmutter (Verfasser unbekannt), der am Samstagabend vor dem 5. Fastensonntag (2. Sonntag vor Ostern) gesungen wird, erhalten. Das Weihnachtskontakion bildet einen Teil des Weihnachtskanons.

Diese alte Gattung liturgischer Dichtung ist abgelöst worden vom *Kanon* (wobei Kanon hier etwas anderes meint als im

Sprachgebrauch der römisch-katholischen Kirche). Der Kanon stellt eine Dichtung dar, die in neun *Oden* (Gesänge) aufgeteilt ist, und entspricht damit dem ursprünglichen Kanon der neun biblischen Cantica (Oden; es sind: 2. Mose 15, 1–9; 5. Mose 32, 1–43; 1. Samuel 2, 1–10; Habakuk 3, 2–19; Jesaja 26, 9–20; Jona 2, 3–10; Daniel 3, 26–45; Daniel 3, 52–88; Lukas 1, 46–55. 68–79). Der Platz des zweiten Canticums bleibt frei, wird aber mitgezählt, so daß tatsächlich nur acht Oden vorhanden sind. Es gibt auch Kanones aus drei *(triodische)*, vier oder auch nur zwei Oden. Jede erste Strophe einer Ode *(heirmós* oder Leitstrophe) nimmt auf das entsprechende biblische Canticum Bezug.

Als Erfinder der Kanonform gilt *Andreas von Kreta* (um 660–740). Anfangs gab es Kanones nur für die Fastenzeit, dann auch für die Zeit zwischen Ostern und Pfingsten, später entstanden Kanones für alle Festtage des Kirchenjahres. Auch heute noch werden Kanones gedichtet. So hat der Metropolit *Nikodim* von Leningrad und Nowgorod (gestorben 1978) einen Kanon zu Ehren aller Heiligen des russischen Landes verfaßt.

Der Kanon gehört in den Morgengottesdienst. Meist wird nur die erste Strophe einer Ode gesungen, die weiteren werden nur rezitiert. Vollständig gesungen wird der Osterkanon des *Johannes von Damaskus.*

Überblick und Charakteristik der einzelnen Gottesdienste

Die Göttliche Liturgie

Der eucharistische Hauptgottesdienst – in der evangelischen Kirche der Abendmahlsgottesdienst, die Messe der römisch-katholischen Kirche – wird in der Orthodoxie als *»Göttliche Liturgie«* (kirchenslaw. *Boshéstwennaja Liturgíja*) bezeichnet. Sie wird täglich nur einmal an einem Altar (Nebenaltäre gibt es in der Orthodoxie nicht, wohl aber Nebenkapellen beziehungsweise -kirchen) gefeiert, gewöhnlich vormittags.

Es gibt zwei Liturgieformulare. Das eine, im Laufe des Kirchenjahres häufiger gebrauchte, geht auf den Patriarchen *Johannes Chrysóstomos* von Konstantinopel (344–407) zurück, das andere, das nur an bestimmten Tagen verwendet wird und sich vom ersten durch die Länge einiger Gebete unterscheidet, auf den Bischof *Basiléios (Basilius) den Großen* von Cäsarea (330 bis 379). Wir folgen hier dem ersteren.

Die Göttliche Liturgie beginnt mit einem Rüstakt, der *Proskomidíe*, der ihrerseits das liturgische Anlegen der gottesdienstlichen Gewänder vorgeordnet ist. Während dieses Rüstaktes wird das Abendmahlsbrot vorbereitet: Aus den *Prosphóren* (Einzahl: *Prosphorá,* wörtl.: Darbringung, Opfer), handtellergroßen hellen Brötchen, die in speziellen Prosphorenbäckereien

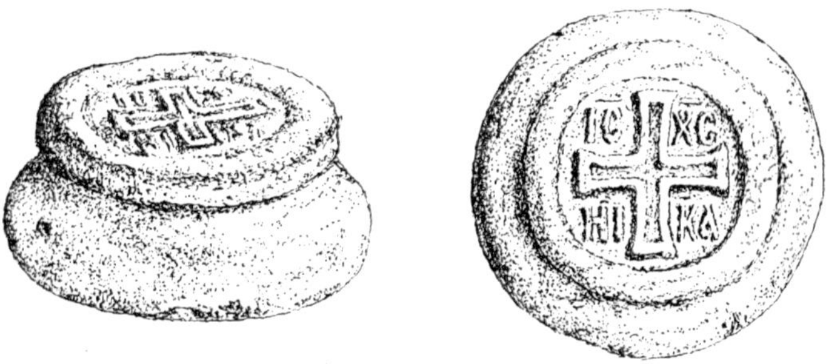

Prosphore

in einem besonderen Ritus und in typischer äußerer Form gebacken werden, schneidet der Priester mit der »Lanze« Teile heraus. Sie werden auf dem »Diskos« geordnet: Um ein quadratisches Stück Brot, das »Lamm« (griech. *amnós*, kirchenslaw. *ágnez*), werden Teile für die Gottesmutter, für Propheten und Heilige, für den Patriarchen der Kirche und für Lebende und Tote gelegt. So ist auf dem Diskos symbolisch die Kirche aller Zeiten um das Lamm = Christus herum versammelt. In den Kelch werden Wein und angewärmtes Wasser gegossen, darauf werden Diskos und Kelch je mit einem Tuch bedeckt. Im Ritus der Proskomidie finden sich neben der genannten Symbolik der

Kirche auch eine Symbolik der Passion und eine solche der Menschwerdung Christi.

Nun beginnt der zweite Teil der Göttlichen Liturgie, der Wortgottesdienst, die *Liturgie der Katechúmenen* (so genannt, weil in der Alten Kirche die Taufbewerber, die Katechumenen, nach diesem Teil die Göttliche Liturgie verlassen mußten). Nach einer *Doxologie* (Lobpreis: »Blagoslowéno zárstwo Otzá i Sýna i Swjatágo Dúcha . . .«) betet der Diakon die *Große Ektenie* (Bittgebet). Dann folgen die drei *Antiphónen* (Psalmgebete, an Sonntagen Psalm 103, Psalm 146 – danach der Hymnus »Eingeborener Sohn«, die Seligpreisungen Matthäus 5, 3–12), unterbrochen von der *Kleinen Ektenie.* Darauf wird die mittlere, die »Königstür« der Ikonenwand zum *Kleinen Einzug (Mály wchod)* geöffnet: Von der Nordtür gehen Diakon und Priester mit dem hocherhobenen Evangelienbuch, das der Diakon voranträgt, in einer Prozession durch die Mitteltür zum Altar, wo das Evangeliar abgelegt wird. Zelebriert ein Bischof, übernimmt er jetzt die Leitung des Gottesdienstes; er zieht aus dem Kirchenschiff mit in den Altarraum ein. Der Kleine Einzug wird als das Kommen Christi zur Gemeinde in seinem Wort gedeutet.

Bevor der Diakon das Evangeliar ablegt, zeichnet er mit ihm vor der Königstür ein Kreuz und ruft: »Weisheit! Aufrecht!« *(Premúdrost, prósti).* Der Chor antwortet: »Kommt, lasset uns anbeten . . .« und singt darauf das *Troparion* und das *Kontakion* des Tages. Es folgt das *»Dreimalheilig«*, die dreifache Anbetung Gottes: »Heiliger Gott, heiliger Starker, heiliger Unsterblicher, erbarme dich unser« im Wechsel von Chor und Zelebranten, danach das *Prokímenon*, ein zum Tag gehörender, meist den Psalmen entnommener Vers, den der Chor nachsingt. Der Diakon ruft nunmehr »Weisheit!« *(Premúdrost)*, da die *Lesung der Epistel* (des *Apóstol*, eines Abschnitts aus der Apostelgeschichte des Lukas oder aus einem der neutestamentlichen Briefe) folgt. Lektor und Chor wechseln sich mit dem *Halleluja* ab; während der Lesung beräuchert der Diakon mit dem Weihrauchfaß Altar, Altarraum und Zelebranten. Der Priester betet anschließend das *Gebet vor dem Evangelium*; es folgt die *Lesung des Evangeliums* durch den Diakon.

Nach den Lesungen folgt ein Gebetsteil: die *Ektenie des Besonderen* oder *Inbrünstigen Gebets (Sugúbaja Jektenijá),* die *Ektenie für die Verstorbenen (Sa-upokóinaja Jektenijá)* – sie entfällt an großen Feiertagen – und das *Gebet für die Katechumenen (Molítwa o oglaschénnych).* Dann werden die Katechumenen entlassen *(»Jelízy oglaschénnii, isydíte . . . Da niktó ot oglaschénnych«).*

Der dritte Teil der Göttlichen Liturgie ist die *Liturgie der Gläubigen,* der eigentliche eucharistische (Abendmahls-) Gottesdienst. Der Diakon lädt die Gläubigen zum Gebet und ermahnt sie: »Weisheit!« *(Premúdrost!);* der Priester betet das *Erste* und das *Zweite Gebet der Gläubigen,* während der Diakon eine Ektenie spricht. Danach folgt der *Große Einzug (Weliki wchod),* bei dem von der Prothesis aus die vorbereiteten, aber noch nicht konsekrierten (verwandelten) Gaben durch das Kirchenschiff in den Altarraum gebracht werden: Vornean wird der Leuchter getragen, dann kommt der Diakon mit dem zugedeckten Diskos hoch über dem Haupt und dem Weihrauchfaß über der Schulter. Es folgt der Priester mit dem Kelch und den übrigen Geräten. Von der Königstür aus wird die versammelte Gemeinde gesegnet, die Zelebranten behalten dabei die Geräte in den Händen. Danach werden die Gaben auf dem Antimension niedergesetzt.

Während des Großen Einzugs singt der Chor feierlich und getragen den ersten Teil des *Cherubimhymnus:* »Die wir die Cherubim geheimnisvoll darstellen und der lebendigmachenden Dreieinigkeit das dreimalheilige Loblied singen: Lasset uns nun jede irdische Sorge ablegen . . .« (»íshe Cheruwímy táino obrasújustsche i Shiwotworjástschei Tróize triswjatúju pesn pripewájustsche, wsjákoje nýne shitéiskoje otloshím popetschénije . . .«)

Dieser Hymnus zeigt besonders deutlich das orthodoxe Gottesdienstverständnis. Er wurde 573/574 vom byzantinischen Kaiser *Justin II.* in den Gottesdienst eingeführt. Die Ankunft des Herrn wird angekündigt – der Große Einzug stellt die Ankunft Christi in Jerusalem und zum Golgathaopfer symbolisch dar. Die eucharistischen Gaben vergegenwärtigen dies Opfer auf unblutige Weise. Die Gemeinde hingegen versteht sich als *Abbild* (»óbras« = soviel wie Ikone) der himmlischen Scharen, der Cherubim. Die irdische Liturgie wird zur himmlischen, die irdische Gemeinde vereinigt sich mit der himmlischen zu gemeinsamem Gotteslob.

Kurz bevor der Große Einzug beginnt, beräuchert der Diakon mit dem Weihrauchfaß den Altar, dann den Altarraum, die Bilderwand, den Priester, den Chor (die Chöre) und die Gläubigen. Danach spricht der Priester ein stilles Gebet – der Gesang des Cherubimhymnus hat schon eingesetzt. Der Priester wiederholt nun diesen ersten Teil des Hymnus, der Diakon beantwortet ihn mit dem zweiten Teil, den der Chor dann, nach dem Großen Einzug, singend wiederholt: »... damit wir den König des Alls aufnehmen mögen, der von den Engelscharen unsichtbar begleitet wird. Halleluja, halleluja, halleluja.« (»... Jáko da Zarjá wsech podýmem, Ángelskimi newídimo dorinosíma tschínmi. Allilúia, allilúia, allilúia.«) Dieser Teil wird freudig und in schnellem Tempo gesungen.

Es folgt eine *Bittektenie*, auf deren Bitten der Chor in der ersten Hälfte »Herr, erbarme dich«, in der zweiten »Gewähre, o Herr« (»Góspodi, pomílui«; »Podái, Góspodi«) antwortet. Der Priester spricht währenddessen das *Gebet der Darbringung (Molítwa prinoschénija)*. Danach kommt der *Friedenskuß:* Der Priester ruft der Gemeinde zu: »Friede allen« (»Mir wsem«), Chor (und Gemeinde) antworten: »Und deinem Geiste« (»I dúchowi twojemú«). Der Priester küßt die mit dem Tuch bedeckten heiligen Gaben, Konzelebranten küssen einander die Schulter.

Der nächste Abschnitt ist der des *Glaubensbekenntnisses (Ispowédanije wéry)*. Zuvor ruft der Diakon laut: »Die Türen! Die Türen! Laßt uns aufmerken in Weisheit!« (»Dwéri, dwéri, premúdrostiju wónmem!«) Das Glaubensbekenntnis, das der oder die Zelebranten und die Gläubigen gemeinsam sprechen, ist das Nizänisch-Konstantinopolitanische von 325/381: »Ich glaube an den einen Gott, den Vater ...« (»Wéruju wo jedínago Bóga Otzá ...«).

Die nachfolgende *Anaphorá* bildet den eigentlichen Eucharistieteil. Sie ist in zwei Formen erhalten: nach Basileios (4. Jahrhundert) und nach Chrysostomos (4./5. Jahrhundert). Die Basileios-Liturgie war bis ins 10. Jahrhundert vorherrschend. An der Formulierung wenigstens des Hochgebets ist Basileios wohl selbst beteiligt gewesen. Später setzte sich die Chrysostomos-Liturgie durch. Der Unterschied besteht in einer Reihe von der Gemeinde nicht vernehmbaren Priestergebeten. Sie werden bereits seit dem 6. Jahrhundert leise gebetet.

Zuerst ist die Aufforderung zu hören: »Erheben wir unsere Herzen« (»Góre iméjim serdzá«). Der Chor antwortet: »Wir haben sie erhoben zu dem Herrn« (»Imámy ko Góspodu«). Der Priester: »Lasset uns danken dem Herrn« (»Blagodarím Góspoda«), der Chor: »Würdig und recht ist es, anzubeten den Vater und den Sohn und den Heiligen Geist ...« (»Dostóino i práwedno jest ...«); der Priester führt dieses »Axios«-Gebet weiter, auf das der Chor mit dem *Sanctus* antwortet: »Heilig, heilig, heilig ist der Herr Sabaoth ...« (»Swjat, swjat, swjat Gospód Sabaóf ...«), an das sich die *Einsetzungsworte* anschließen (sie werden hier in vollem Wortlaut zitiert): »Nehmet, esset, das ist Mein Leib, der für euch gebrochen wird zur Vergebung der Sünden.« (»Priimíte, jadíte, sijé jest Télo Mojé, jéshe sa wy lomímoje wo ostawlénije grechów.«) – »Ebenso auch den Kelch nach dem Abendmahl und sprach: Trinket alle daraus, das ist Mein Blut des Neuen Testaments, das für euch und für viele vergossen wird zur Vergebung der Sünden.« (»Podóbne i tscháschu po wetschéri, glagólja: Piíte ot nejá wsi sijá jest Krow Mojá Nówago Sawéta, jáshe sa wy i sa mnógija isliwájemaja, wo ostawlénije grechów.«) Danach betet der Priester die *Epiklése* (die *Anrufung des Heiligen Geistes*), während derer nach orthodoxer Auffassung sich die eigentliche *Konsekration*, die Umwandlung von Brot und Wein in Leib und Blut Christi, vollzieht.

Es folgen das Gedenken der Gottesmutter und der Heiligen, der Verstorbenen und der Lebenden, zuerst der Hierarchen, schließlich »jedes und jeder« (»wsech i wsja«).

Mit einer weiteren Bittektenie, an die sich das *Vaterunser* (»Ótsche nasch, íshe jesí na nebeséch ...«) anschließt, und dem *Gebet der Hauptbeugung* (»Beuget eure Häupter vor dem Herrn«, »Glawý wáscha Gospódewi priklonítе«) bereiten sich Zelebranten und Gläubige auf die Kommunion vor: Der Priester erhebt das »Lamm« (= das Abendmahlsbrot) mit dem Ruf

»Das Heilige den Heiligen« (»Swjatája swjatým«), der Chor singt währenddessen »Einer ist heilig, einer ist Herr ...« (»Jedín swjat, jedín Gospód ...«) und danach das *Kinonikón*, das Kommunionslied, das aus einem oder mehreren Psalmversen besteht, die mit einem dreifachen Halleluja abgeschlossen werden.

Nun wird das »Lamm« gebrochen, und einzelne Teile werden in den Kelch mit dem konsekrierten Wein gelegt, dann der Wein mit heißem Wasser (griech. *zéon*, kirchenslaw. *teplotá*) gemischt. So ist alles zur Kommunion bereit. Als erste empfangen Diakon und Priester Brot und Wein getrennt, dann werden die restlichen Partikel des konsekrierten Brotes in den Kelch gelegt, so daß die Gläubigen kommunizieren können: Auf die Worte des Diakons »Mit Gottesfurcht und Glauben tretet herzu« (»So stráchom Bóshiim i wéroju pristupíte«) nahen sich die Gläubigen mit kreuzweise über die Brust gelegten Händen. Nach einem Bekenntnis empfangen sie durch den Priester mit einem Löffel Brot und Wein unter den Worten »Der Knecht [oder: die Magd] Gottes [N. N.] empfängt Anteil ...« (»Pritschastschájetsja rab Bóshi [raba Bóshija] ...«).

Die Kommunion setzt die Beichte voraus, damit haben die Kommunikanten sich vorher angemeldet. Sie haben nüchtern zu sein – das heißt, seit dem Vorabend auf Speise und Getränk verzichtet zu haben. Grundsätzlich dürfen alle Getauften und mit dem heiligen Myron Gesalbten kommunizieren, also auch kleine Kinder.

Der Kommunionsteil wird mit der Danksagungsektenie und dem Schlußgebet des Priesters, dem *Gebet »hinter dem Ambon«*, das in der Mitte der Kirche gesprochen wird, abgeschlossen. Der Priester segnet das Volk, die Gläubigen treten heran, um durch das Küssen des Kreuzes persönlich den Segen zu empfangen. Üblicherweise wird dabei das *Antidoron* (kirchenslaw. *antidór*) verteilt, nicht konsekrierte Teile des Abendmahlsbrotes, die während der Anaphora gesegnet wurden. Das Antidoron kann auch von denen empfangen werden, die nicht kommuniziert haben, ja selbst von Andersgläubigen. Vielleicht hat sich hierin ein Rest der *Agápe* erhalten, eines urchristlichen Liebesmahls, dessen Ursprünge bis in die Zeit des Neuen Testaments zurückreichen (1. Korinther 11), das aber in der Zeit des Staatskirchentums außer Gebrauch kam und im 7. Jahrhundert verboten wurde.

Die Geistlichen der Russischen Orthodoxen Kirche sind verpflichtet zu predigen. Der Ort der Predigt ist entweder am Ende des Wortgottesdienstes, der Liturgie der Katechumenen, nach den Lesungen, oder nach dem Schlußsegen, also am Ende der Liturgie der Gläubigen.

Bischöfliche Gottesdienste schließen immer mit dem »*Mnógaja léta*«, dem Gebetswunsch des gläubigen Volks für seinen Patriarchen, den Ortsbischof, das Land und alle orthodoxen Christen, daß Gott sie »*viele Jahre*« erhalten möge.

Die Liturgie der Vorgeweihten Gaben

Die *Liturgie der Vorgeweihten Gaben* (kirchenslaw. *Boshéstwennaja Liturgíja Preshdeoswjastschénnych Darów*) hat ihre Parallele in der römisch-katholischen *Präsanktifikatenmesse* und gehört in die vorösterliche Große Fastenzeit. Sie wird Papst *Gregor dem Großen* (6. Jahrhundert) zugeschrieben, aber dessen Verfasserschaft ist unsicher. Gefeiert wird sie mittwochs und freitags in den ersten sechs Wochen der Fastenzeit, am Donnerstag der vierten Woche, am Montag, Dienstag, Mittwoch der Karwoche und am Karfreitag. Dazu gibt es noch eine Reihe von Sonderregelungen. Die Feier dieser Liturgie setzt voraus, daß das Brot, das in der Göttlichen Liturgie am voraufgegangenen Sonntag konsekriert wurde, im Brotbehälter aufbewahrt wird und nun zur Verfügung steht. Diese Liturgie kennt daher keinen Prothesis- (Rüstakt-) Teil und keine Konsekration; die Anaphora ist um diesen Abschnitt gekürzt.

Um den Aufbau dieser Liturgie zu verstehen, muß man wissen, daß es sich dabei eigentlich um den *Abendgottesdienst (wetschérnja)* handelt, an den sich der Kommunionteil anschließt.

Diese Liturgie beginnt ebenfalls mit einer *Eingangsdoxologie*: »Gebenedeit sei das Reich des Vaters und des Sohnes und des Heiligen Geistes ...« (»Blagoslowéno zárstwo ...«); der Lektor betet den 104. Psalm (nach der Lutherbibel Psalm 103).

Es folgt die *Große Ektenie*: »In Frieden lasset uns beten zu dem Herrn« (»Mírom Góspodu pomólimsja«), währenddessen spricht der Priester ein Stillgebet. Dann werden die drei *Antiphonen* gebetet, jeweils von der *Kleinen Ektenie* unterbrochen, also:

Erste Antiphon – Psalm 120–124, Doxologie
Kleine Ektenie
Zweite Antiphon – Psalm 125–129, Doxologie
Kleine Ektenie
Dritte Antiphon – Psalm 130–134, Doxologie
Kleine Ektenie.

Der anschließende Teil ist das *»Luzernárium«*, wörtlich: »Lichteranzünden«, wahrscheinlich der älteste Bestandteil des Abendgottesdienstes. Ursprünglich zog hier wohl der Bischof ein, wozu die Lichter im Gotteshaus angezündet wurden. Der Chor singt dazu aus den Psalmen 140 und 141 mit anschließenden Stichiren aus Psalm 130 und 117 – sie werden durch den Ruf »Herr, ich rief zu dir . . .« (»Góspodi, wosswách k tebé . . .«) bestimmt, woher das Luzernarium auch die griechische Bezeichnung »Kýrie ekékraxa« erhalten hat.

Nun folgt die Eingangsprozession *(wchod)*, gewöhnlich ohne Evangeliar. Der Diakon ruft: »Weisheit! Aufrecht!« (»Premúdrost, prósti!«), der Chor singt dazu den *Abendhymnus* »Phos hilarón« (kirchenslaw. »Swéte tíchi«), den man dem Märtyrer *Athenogenes* (gestorben um 169) zuschreibt und der mit zum ältesten Liedgut der Kirche überhaupt gehört:

»Mildes Licht des heiligen Glanzes
des unsterblichen himmlischen Vaters,
des heiligen, seligen, Jesu Christe!
Gelangt bis an der Sonne Untergang,
schauend das abendliche Licht,
lobsingen wir Gott, Vater und Sohn
und Heiligem Geist.
Würdig bist du, zu jeglicher Zeit
gepriesen zu werden mit heiligen Stimmen,
Sohn Gottes, der das Leben du gibst!
Darum preist dich die Welt.«

Der Diakon leitet mit »Lasset uns aufmerken!« (»Wónmem!«) und »Weisheit!« (»Premúdrost!«) die *Lesungen* (Lektionen) ein; Lektor und Chor wechseln sich mit dem *Halleluja* ab; während aus einer Antiphon und einem Vers. Die erste Lesung ist aus 1. Mose 1, 24–31 und 2, 1–3; es folgt das zweite Prokimenon. Der Diakon ruft aus: »Befehlt!« (»Powelíte!«), der Priester: »Weisheit! Aufrecht!« (»Premúdrost, prósti!«) – »Das Licht Christi erleuchtet alle« (»Swet Christów proswestschájet wsech«). Die zweite Lesung stammt aus dem Buch der Sprüche, Kapitel 2; nach der Lesung grüßt der Priester »Friede sei mit dir« (»Mir ti«), der Diakon antwortet wieder mit »Weisheit!«. Der Lektor singt: »Es steige mein Gebet auf wie Weihrauch vor dich, das Aufheben meiner Hände, ein abendliches Opfer« (»Da ispráwitsja molítwa mojá, jáko kadílo pred tobóju . . .«). Dabei räuchert der Priester mit dem Weihrauchfaß, der Chor wiederholt diese Antiphon nach jedem der folgenden Gebetsverse. Priester und Gemeinde vollziehen drei Bußverbeugungen *(Metanien)*, der Priester ruft: »Herr und Gebieter meines Lebens« (»Góspodi i wladýko shiwóta mojegó«); nun werden hier an Festtagen das *Prokimenon, Epistel* und *Evangelium* gelesen, in der Karwoche nur das Evangelium.

Hier endet die Ordnung des Abendgottesdienstes innerhalb der Liturgie der Vorgeweihten Gaben, und es folgen die zur Kommunion führenden Auszüge aus der Göttlichen Liturgie: die Ektenie des Inbrünstigen Gebets, die Aufforderung an die Katechumenen zum Gebet und die Entlassung der Katechumenen. Danach werden die Gebete der Gläubigen gesprochen; der Große Einzug folgt: Kerzen und konsekrierte Gaben werden, von der Gemeinde verehrt, hineingetragen. Der Chor singt währenddessen: »Nun dienen himmlische Mächte unsichtbar mit uns. Denn siehe, es zieht der König der Herrlichkeit ein. Siehe, das geheimnisvolle, vollzogene Opfer wird herzugetragen« (1. Teil). Und er fährt fort: »Voller Glauben und Liebe lasset uns herzutreten, um des ewigen Lebens teilhaftig zu werden. Halleluja, halleluja, halleluja.« (»Nýne síly nebésnyja s námi newídimo slúshat . . .«). Der Diakon fügt eine Bittektenie an, die er mit diesen Worten einleitet: »Lasset uns vollenden unser *Abend*gebet zum Herrn« (»Ispólnim wetschérnjuju molítwu . . .«), daran schließt sich das Vaterunser an (die Anaphora, Einsetzungsworte usw. sind weggefallen).

Der Priester ruft: »Das vorgeweihte Heilige den Heiligen« (»Preshdeoswjastschénnaja swjatája swjatým«), der Chor wiederum singt »Einer ist heilig . . .«. Der Priester bricht das Brot, der Chor singt das Kommunionlied »Kostet und sehet, wie gut der Herr ist. Halleluja, halleluja, halleluja.« (»Wkusíte i wídite, jáko blag Gospód . . .«). Es kommunizieren die Zelebranten, darauf die Gläubigen. Der Diakon lädt dazu ein: »Mit Gottesfurcht und Glauben tretet herzu« (»So stráchom Bóshiim i wéroju pristupíte«).

Nach dem Empfang der heiligen Gaben singt der Chor: »Ich will den Herrn preisen zu jeder Zeit, sein Lob sei in meinem Munde« (»Blagoslowljú Góspoda . . .«), und: »Das himmlische Brot und den Kelch des Lebens kostet und sehet, wie gut der Herr ist« (»Chleb nebésny i tscháschu shísni . . .«). Der Priester bittet: »Rette, o Gott, dein Volk und segne dein Erbe!« Die Gaben werden zurückgebracht; der Chor lobpreist: »Erfüllt sei unser Mund . . .«, das Danktroparion, das auch die Göttliche Liturgie kennt. Der Priester fordert dann zur Danksagung auf und spricht das Dankgebet. Nach dem Beten der Psalmen 33 und 144 wird der Segen erteilt und die Entlassung gesprochen. Auch hier erfolgt die Austeilung des Antidorons.

Die Nachtwache

Die *Nachtwache* (kirchenslaw. *wsenóstschnoje bdénije*, griech. *pannychís*) wird als Einleitung zur Göttlichen Liturgie verstanden und an den Vorabenden der Sonn- und Festtage gefeiert. Sie besteht aus *Abendgottesdienst (wetschérnja)* und *Morgengottesdienst (útrenja)*. Beide sind miteinander verbunden und werden nur durch Glockengeläut voneinander getrennt. Der Abendgottesdienst stellt die Schöpfung der Welt und die Sehnsucht der Menschheit im Dunkel der Welt nach dem Erlöser dar. Der Morgengottesdienst symbolisiert das Kommen des Erlösers als des Lichtes in diese Welt.

Der Abendgottesdienst fand als Teil der Liturgie der Vorgeweihten Gaben im vorhergehenden bereits ausführlich Erwähnung. So wird hier nur noch der zweite Teil der Nachtwache, der Morgengottesdienst, vorgestellt:

Nach der Eingangsdoxologie – Dreimalheilig, Vaterunser, Herr, erbarme dich, Kommt, laßt uns anbeten – spricht der Priester das *Sechspsalmengebet* (die Psalmen 3, 37, 62, 87, 102, 142), mit einer Unterbrechung nach den ersten drei, in der er zwölf *Morgengebete* vor der Königstür betet. Danach spricht der Diakon die *Große Ektenie*: »Lasset uns in Frieden den Herrn anrufen ...« (»Mírom Góspodu pomólimsja!«) Nach jedem Gebetsvers des Diakons singt der Chor: »Gott ist Herr und uns erschienen, gelobt sei der da kommt im Namen des Herrn« (»Bog Gospód i jawísja nam ...«). Es folgt das *Troparion* des Tages (zweimal) und das *»Theotokion«*, ein Lobpreis der Gottesgebärerin *(theótokos)*, darauf »Herr, erbarme dich« (»Góspodi pomílui«) dreimal und »Ehre sei dem Vater ...« (»Sláwa Otzú ...«). Der Lektor liest dann das *Káthisma*, Psalmengebete, bei denen man sitzen darf, anschließend der Diakon die *Kleine Ektenie*; es folgt das *Polyjeléi*, Verse aus den Psalmen 134 und 135, dann wird die Königstür geöffnet, Diakon und Priester treten aus dem Altarraum, der Priester beräuchert Ikonen und Gemeinde. Der Gesang des *Johannes von Damaskus* (ca. 700 bis 753) »Gelobt bist du, o Herr, lehre mich deine Gebote ...« (»Blagoslowén jesí, Góspodi ...«) folgt, dazu ein dreifaches Halleluja. Der Priester beräuchert die auf dem Pult (analói) ausgelegte Tagesikone, den Altarraum, die Bilder und die Gemeinde. Er und der Diakon singen dann das *Verherrlichungslied (welitschánije)* des betreffenden Festes, das vom Chor wiederholt wird. Hier kann auch die ganze Gemeinde mitsingen. Der Diakon betet die *Kleine Ektenie*, es folgen die *Stufengesänge* (kirchenslaw. *stépennyja [psálmy]*, griech. *anabathmói [psálmoi]*) oder *Gradualpsalmen*; der Chor singt das *Prokimenon*, das Lied vor der Lesung. Nach den gewohnten Ankündigungen »Weisheit! Aufrecht!« (»Premúdrost, prósti!«), »Lasset uns aufmerken!« (»Wónmem!«), »Friede allen« (»Mir wsem«) – »Und deinem Geiste« (»I dúchowi twojemú«) folgt die Lesung des *Evangeliums*, die Tagesikone wird verehrt, wobei der Priester die zur Verehrung Hinzutretenden auf der Stirn mit geweihtem Öl salbt. »Nachdem wir die Auferstehung Christi gesehen haben ...« (»Woskresénije Christówo widéwsche ...«), singt der Chor dann den 50. Psalm, danach »Ehre sei dem Vater ...« (»Sláwa Otzú ...«). Der Diakon bittet: »Rette, o Gott, dein Volk!« (»Spassí, Bóshe, ljúdi twojá!«), der Chor antwortet: »Herr, erbarme dich!« Es wird der *Sonn-* oder *Festtagskanon* gesungen, der Diakon betet die *Kleine Ektenie*. Der Chor schließt die *Exapostilarien*, Apostelhymnen und Auferstehungslieder, beziehungsweise die *Licht-Lieder* (kirchenslaw. *swetílny*) an, dann Verse aus den Psalmen 148 bis 150, das *Stichiron* bei Sonnenaufgang.

Der Priester öffnet wieder die Königspforte, der Chor singt den *Großen Lobgesang*, die *Große Doxologie* (»Sláwa w wýschnich Bógu, i na semlí mir, w tschelowézech blagowolénije ...«). An Tagen ohne Große Doxologie, etwa während der Fastenzeit, wird sie durch ein Gebet ersetzt. – Es folgen die *Sonntagstroparien*, der Diakon schließt eine *Ektenie* an, dann: »Lasset uns vollenden unser Morgengebet zum Herrn« (»Ispólnim útrennjuju molítwu náschu Gospódewi«). Der Diakon betet, vom Chor unterbrochen: »Gib, o Herr!« (»Podái, Góspodi!«). Der Priester: »Friede allen.« – Der Chor: »Und deinem Geiste.« (»Mir wsem.« – »I dúchowi twojemú.«) Der Priester spricht das Schlußgebet, den Lobgesang und die Entlassung vor der Königstür.

Liturgische Bücher

Die Ordnungen der Stunden-, der (eucharistischen) Hauptgottesdienste sowie der Amtshandlungen und Sakramente (die »*Akoluthien*«) in der orthodoxen Kirche machen eine Anzahl von zum Teil umfangreichen liturgischen Büchern nötig.

Für die Hand des Zelebranten, des Bischofs oder Priesters, und des Diakons sind bestimmt:
das *Hieratikón* (kirchenslaw. *Slushébnik*) mit den gleichbleibenden Teilen der Liturgie und der Tagzeitengottesdienste (dem »Ordinarium«), das *Hagiasmatárion (Trébnik)* mit den Texten für die Spendung der Sakramente, für die Segnungen und Andachten. Die Lesungen für die Liturgie und die Evangelien fin-

den sich im Evangeliar/*Euangélion (Jewángelije)* und – die Episteltexte – im *Apóstolos (Apóstol)*. Die übrigen veränderlichen Teile (das »Proprium«), besonders auch die Texte der reichen Kirchendichtung, sind in einer Reihe weiterer liturgischer Bücher enthalten: Für die Osterzeit im *Pentekostárion (Zwétnaja* oder *Zwetnája triód)*, für die Zeit der Großen Fasten im *Triódion (Póstnaja triód)*, für die Zeit zwischen beiden (also vom zweiten Montag nach Pfingsten bis zum ersten Sonntag der Vorfastenzeit) in der *Októechos (Októich* oder *Oktoích)*. Die Texte der unbeweglichen Feste und Gedenktage finden sich im *Menáion (Minéja)*, das in einzelne Monatsbände gegliedert sein kann.

Der mancherorts verbreitete *Weliki Sbórnik* (etwa »Großer Sammelband«) enthält Teile des Hieratikons, der Menäen, des Triodions und des Pentekostarions. Er ist kein liturgisches Buch im eigentlichen Sinne, sondern eine Zusammenstellung unter bestimmten praktischen Gesichtspunkten vor allem für die Hand des Gemeindeglieds.

Kirchliche Feste

Der Festkalender

Innerhalb eines Jahres gedenkt die Kirche der wichtigsten Ereignisse im Leben Jesu an dafür bestimmten Festen. Dieser Festablauf ist stark von der alten Jerusalemer Tradition abhängig. An den heiligen Stätten in und um Jerusalem wurden schon in frühester christlicher Zeit die Ereignisse, wie sie das Neue Testament berichtet, an den entsprechenden Tagen gefeiert. Tod und Auferstehung Jesu bildeten bereits in der dortigen Gemeinde alljährliche Höhepunkte des kirchenlichen Lebens. Um diesen Kern herum entstand im Laufe mehrerer Jahrhunderte der heute gebräuchliche kirchliche Festkalender mit seinen *Hochfesten* Christi und der Gottesmutter, mit Apostel- und Märtyrertagen. Der Festkalender enthält einen beweglichen und einen unbeweglichen Festzyklus innerhalb des Kirchenjahres. Entscheidend für den beweglichen Zyklus ist der jeweilige *Ostertermin*. Das Ökumenische Konzil von *Nizäa* 325 legte den Ostertermin in Abgrenzung zum jüdischen Passafest endgültig fest; er fällt seitdem auf den Sonntag nach dem ersten Vollmond, der auf die Frühlings-Tagundnachtgleiche folgt. In den Ostkirchen sind bis jetzt drei verschiedene *Paschalien* (Tabellen zur Berechnung des Ostertermins auf Jahre hinaus) üblich. Obwohl einige orthodoxe Kirchen den gregorianischen Kalender eingeführt, andere den julianischen beibehalten haben, wird das Osterfest gesamtorthodox nach dem julianischen Kalender gefeiert. Dies bedeutet, daß es eine innerorthodoxe Gemeinsamkeit für den ganzen beweglichen Festzyklus, aber nicht für den unbeweglichen gibt; das macht die ganze ohnehin komplizierte Kalenderfrage noch verwickelter. Diese bildet deshalb einen Programmpunkt für das geplante Panorthodoxe Konzil. – Vom Ostertermin abhängig, also beweglich, sind die Termine des Festes *Christi Himmelfahrt* und des *Pfingstfestes*.

Zum unbeweglichen Festzyklus, das heißt jedes Jahr auf den gleichen Kalendertag fallend, gehören die Feste der *Beschneidung Christi*, der *Theophanie* (Epiphanias), der *Darstellung Christi*, der *Verkündigung an die Gottesmutter*, der Apostelfürsten *Petrus und Paulus*, der *Verklärung Christi*, des *Heimgangs* oder *Entschlafens* (der Himmelfahrt) der *Gottesmutter*, der *Geburt der Gottesmutter*, der *Kreuzerhöhung*, des *Tempelganges der Gottesmutter*, der *Geburt Christi*, der *Synaxis der Gottesmutter*, der *Unschuldigen Kinder* und die *Heiligen*fest- und Gedenktage.

In der Sowjetunion gilt seit Februar 1918 der gregorianische Kalender. Der julianische Kalender ist im alten Rußland seit dem 13. Jahrhundert benutzt worden, mit verschiedenen Daten als Jahresbeginn. *Peter I.* legte mit dem 1. Januar 1700 einen einheitlichen Jahresbeginn fest. Diesen Kalender hat die russische Kirche bis heute beibehalten. Der julianische (kirchliche) Kalender differiert zur Zeit um dreizehn Tage vom gregorianischen (bürgerlichen); so fällt beispielsweise das Weihnachtsfest (25. Dezember) des julianischen Kalenders auf den 7. Januar des gregorianischen Kalenders. In den kirchlichen Kalendarien der russischen Kirche erscheinen daher »alter Stil« (»a.St.«) =

julianischer Kalender und »neuer Stil« (»n.St.«) = gregorianischer Kalender nebeneinander. Diese Praxis schließt aber Ausnahmen ein, insofern als innerhalb des Gebiets der russischen Kirche mancherorts (wie Lettland) der gregorianische Kalender gilt.

Der bewegliche Festzyklus

Das *Osterfest* ist das höchste Fest der Kirche. Im Gedenken an Ostern wird jeder Sonntag als Tag der Auferstehung Christi gefeiert. So heißt auch in der russischen Sprache der Sonntag »Auferstehung« (»woskressénje«). Das Osterfest wird durch eine vierzigtägige *Fastenzeit* vorbereitet, und die Nachfeier zu Ostern dauert fünfzig Tage *(Pentekoste)* bis Pfingsten. Bereits die *Apostolischen Konstitutionen* (4. Jahrhundert) nennen das Fasten mit Brot, Salz, Gemüse und Wasser bei Enthaltung von Fleischspeisen und Wein. Durch das Fasten bereitet sich der Christ innerlich und äußerlich auf die Feier von Tod und Auferstehung Christi vor. Die Fastenzeit beginnt am Montag nach dem Sonntag des *Laktizinienverzichts* (der »Milchenthaltung«, kirchenslaw. *nedélja syropústnaja)*; der erste Sonntag der Fastenzeit ist der darauf folgende Sonntag des *Triumphes der Orthodoxie* (kirchenslaw. *nedélja Torshestwá Prawosláwija*), an dem das Gedenken an den Sieg der Bilderverehrer über die Bilderstürmer auf dem 7. Ökumenischen Konzil 787 zu Nizäa und die endgültige Durchsetzung der Bilderverehrung 843 begangen wird. Die vierzigtägige Fastenzeit endet am Freitag vor dem Palmsonntag. Die Sonnabende (außer dem Karsamstag) und Sonntage sind fastenfrei. Der Fastenzeit ist die *Vorfastenzeit* vorgeordnet, zu ihr gehören die Sonntage des Pharisäers und Zöllners (Evangelium: Lukas 18, 10–14), des Verlorenen Sohnes (Evangelium: Lukas 15, 11–32), des Fleischverzichts (kirchenslaw. »nedélja mjasopústnaja«) oder des Jüngsten Gerichts (kirchenslaw. »O Stráschnom sudé«; Evangelium: Matthäus 25, 31–46) und der schon erwähnte Sonntag des Laktizinienverzichts (Evangelium: Matthäus 6, 14–21).

Während der ganzen Fastenzeit bemüht sich der orthodoxe Christ, kein Fleisch, keine Fleischprodukte, Milch oder Milchprodukte zu sich zu nehmen. In dieser Zeit wird sonnabends die Chrysostomos-Liturgie, sonntags die Basileios-Liturgie, mittwochs und freitags die Liturgie der Vorgeweihten Gaben gefeiert, an den anderen Wochentagen nur die Stundengebete mit jeweils vierzig tiefen Verneigungen (die Zahl vierzig entspricht den vierzig Fastentagen Jesu in der Wüste, Matthäus 4, 2 par.) und der Bitte »Herr, erbarme dich!« (»Góspodi pomílui«) sowie dreimaligem Niederfallen zum Gebet des heiligen Ephräm.

Der zweite Fastensonntag ist dem heiligen *Gregorius Palamas* von Thessaloniki (14. Jahrhundert) gewidmet. Der dritte Sonntag ist der Tag der *Kreuzesverehrung*, die in der Frömmigkeit der Orthodoxie eine besondere Rolle spielt. Im Morgengottesdienst wird der Kanon vom Heiligen Kreuz des Theodoros Studites gebetet. Am Donnerstag der fünften Fastenwoche kommt ebenfalls im Morgengottesdienst der berühmte *Große Bußkanon* des Andreas von Kreta zu Gehör; am Sonnabend der gleichen Woche wird das ehrwürdige Marienlied, der *Akáthistos* (kirchenslaw. *Akáfist*) zu Ehren der Gottesmutter an der gleichen Stelle gesungen. Mit dem Sonnabend vor Palmsonntag ist die vierzigtägige Fastenzeit zu Ende; es ist der *Lazarussonnabend (Lásarewa subbóta)*, an ihm gedenkt die Gemeinde mit dem Bericht von der Auferweckung des Lazarus durch Jesus (Evangelium: Johannes 11, 1–45) schon des endgültigen Sieges über den Tod (»kleines Ostern«). Damit wird die *Karwoche* (kirchenslaw. *strastnája sedmiza)* eingeleitet, in deren Verlauf die Leidensstationen Jesu in der Woche vor seinem Tod mit durchlebt werden.

Der *Palmsonntag* (kirchenslaw. *Wérbnoje woskressénje)* ist der Tag des Gedenkens an den Einzug Jesu in Jerusalem (Evangelium: Johannes 12, 1–18). Der Abendgottesdienst des Lazarussonnabends und der Morgengottesdienst des Palmsonntags werden zusammengelegt. Nach dem Hymnus »Mildes Licht« folgen alttestamentliche Lesungen, die auf das Festereignis hinweisen: 1. Mose 49, 1. 2. 8–12; Zephanja 3, 14–19; Sacharja 9, 9–15. Beim Psalmgesang (Psalmen 134 und 135) trägt der Priester die Festtagsikone in die nun hell erleuchtete Kirche zur Verehrung durch die Gläubigen. Es folgen Evangeliumslesung und Segnung von Zweigen. Die Gläubigen küssen die ausgelegte Festtagsikone und das Evangeliar und erhalten mit Weihwasser gesegnete Zweige und brennende Kerzen. Am Palmsonntag wird die Chrysostomos-Liturgie gefeiert.

In der *Kar-* oder *Großen Woche* wird am Montag, Dienstag und Mittwoch die Liturgie der Vorgeweihten Gaben gefeiert, die Evangelientexte sind der Passionsgeschichte entnommen: Am »Großen Montag« Matthäus 24, 3–35, am Dienstag Matthäus 24, 36 – Kap. 26, 2, am Mittwoch Matthäus 26, 6–16. Auch die Morgen- und Abendgottesdienste bringen Stücke aus der Leidensgeschichte der Evangelien. Am Abend des »Großen Donnerstags« (Gründonnerstag) wird in Verbindung mit dem Abendgottesdienst die Basileios-Liturgie zelebriert. Evangelientexte sind: Matthäus 26, 1–20, Johannes 13, 3–17, Matthäus 26, 21–39, Lukas 22, 43–45, Matthäus 26, 40 – Kap. 27, 2. Vor dem Schlußsegen erfolgt in Bischofskirchen die Fußwaschung in dramatischem Nachvollzug des biblischen Berichts. Dabei liest der Protodiakon Johannes 13, 1–15, während der Bischof die Handlung an den zwölf mitzelebrierenden Priestern vollzieht. In der Patriarchenkathedrale und in einigen Metropolitankirchen werden in der Liturgie an diesem Tag die heiligen Öle geweiht.

Der *Heilige und Große Freitag* ist dem Gedächtnis der Kreuzigung Jesu gewidmet. Der Morgengottesdienst bringt die »Akoluthie der Heiligen Leiden unseres Herrn Jesus Christus« (kirchenslaw. »Poslédowanije Swjatých Strastéi Góspoda náschego Iissússa Christá«). Ihm liegen die sehr alten Jerusalemer Stationsgottesdienste zugrunde. Nach einleitenden Gebeten zieht der anwesende Klerus nach »Golgatha«, einem in der Mitte der Kirche erhöhten Platz. Hier steht ein von Kerzen umgebenes Kreuz. Es folgen nun siebenmal hintereinander Fürbittgebet, Evangelienlesung und Gesang, wobei jedesmal Priester und Gläubige erneut ihre Kerzen anzünden – eine Erinnerung an die erwähnten sieben Jerusalemer Stationsgottesdienste. Die zusammengefaßten *Königlichen Stundengebete* nehmen fast den ganzen Vormittag ein. Lesungen aus den Psalmen, den Propheten, Apostelbriefen und Evangelien folgen im Wechsel mit zwölf Hymnen. Im Abendgottesdienst denkt die Kirche an die Todesstunde Jesu. Die Lesungen sind: 2. Mose 33, 11–23; Hiob 42, 12–17; Jesaja 52, 13–15, Kap. 53, 1–12 und 54, 1; 1. Korinther

1, 18 – Kap. 2, 2; Matthäus 27, 1–61, diese letztere unterbrochen durch die Lesungen von Lukas 23, 39–43 und Johannes 19, 31–37. Im Kirchenraum wird vor dieser Feier das Grab Christi am Hügel Golgatha nachgebildet, davor befinden sich Blumen und Kerzen. Der Höhepunkt des Gottesdienstes ist der Moment, da die Priester in feierlicher Prozession die *Plastschaniza*, eine kostbar mit der Grablegung Christi bestickte Stoffikone, vom Altar auf das Heilige Grab tragen. Die Plastschaniza bedeckt das Evangeliar, das mit dem Tuch auf dem Grab niedergelegt wird: Das Wort Gottes, in Jesus Fleisch geworden, wird zu Grabe getragen. Der Gottesdienst endet mit einer Predigt zum Tage. Grabtuch und Evangeliar werden von den Gläubigen anschließend verehrt. Am Großen Freitag wird keine Liturgie zelebriert; den Gläubigen ist strenges Fasten – totale Enthaltung von Speisen und Getränken – vorgeschrieben.

Der *Große Sonnabend* bringt die Fortsetzung der Trauer des Karfreitags, aber der Osterjubel deutet sich schon an. Im Morgengottesdienst zieht der Klerus unter Gesängen zum Heiligen Grab in der Kirche. Hier haben sich die Gläubigen versammelt, zünden ihre Kerzen an, und es erklingen Hymnen auf Christus, das Grab, eine Marienklage und Klage aller über das Geschehene. Der Klerus zieht zum Altar, die Kerzen werden gelöscht. Es folgen Lesung des 50. Psalms und Kanon. Zum großen Lobpreis erstrahlt die Kirche in festlichem Licht. Die Gläubigen entzünden ihre Kerzen wieder, der Klerus holt in feierlicher Prozession unter Gesängen das Evangeliar wieder zum Altar zurück. Unter Glockengeläut ziehen die Gläubigen, ständig das »Heiliger Gott ...« singend, mit dem Klerus um die Kirche herum und wieder zum Grab. Es folgen Schriftlesungen (die große Prophetie Hesekiels von der Auferweckung der Totengebeine Kapitel 37, 1–14 deutet den Ostersieg schon an, dann 1. Korinther 5, 6–8; Galater 3, 13–14; nach kurzem Gesang Matthäus 27, 62–66). Fürbitt- und Segensgebete beschließen den Morgengottesdienst. Nachmittags folgen die Stundengebete und der Abendgottesdienst, die alte Tauffeier der Kirche. Er geht unmittelbar über in die Basileios-Liturgie, zu der die Kirche hell erleuchtet und geschmückt ist. Die Texte verherrlichen bereits das Auferstehungsereignis (Epistel: Römer 6, 3–11, Evangelium: Matthäus 28, 1–20). Die Priester wechseln die Gewänder: die dunklen der Trauer werden gegen die hellen des Osterjubels getauscht.

Die *Osternacht* beginnt am Abend des Großen Sonnabends mit der Lesung der Apostelgeschichte des Lukas, an die sich der österliche *Mitternachtsgottesdienst (pas-chálnaja polunóstschniza)* anschließt. Die Plastschaniza wird wieder auf den Altar zurückgetragen. Gegen Mitternacht versammelt sich die ganze Gemeinde zur Osterprozession mit Kerzen, Evangeliar und Ikonen. Die finstere, verschlossene Kirche stellt nun das leere Grab dar. Unter dem Geläut der Glocken singen alle das Stichiron des Osterfestes: »Deine Auferstehung, Christus, Erlöser, besingen die Engel im Himmel, mache auch uns auf Erden würdig, dich reinen Herzens zu loben!« (»Woskressénije twojé Chríste spásse ángeli pojút na nebesséch, i nas na semlí spodóbi tschístym sérdzem tebé sláwiti!«). Nach der Rückkehr an die Kirchentür beginnt der österliche *Morgengottesdienst (pas-chálnaja útrenja)* mit dem Lobpreis der Dreieinigkeit (»Sláwa Swjatéi i Jedinosústschnei ... Tróize ...«) und dem immer lauter, immer herrlicher gesungenen *Ostertroparion* »Christus ist auferstanden von den Toten, durch den Tod hat er den Tod besiegt und denen in den Gräbern das Leben geschenkt« (»Christós woskrésse is mértwych, smértiju smert popráw i sústschim wo grobéch shiwót darowáw«), das den ganzen folgenden Gottesdienst und die Osterwoche bestimmt. Dies wird der *Osterbeginn (pas-chálnoje natschálo)* genannt. Dazu werden die Kirchentüren geöffnet, der Priester tritt in die Kirche ein und grüßt die Gemeinde: »Christus ist auferstanden!« (»Christós woskrésse!«), und sie antwortet: »Er ist wahrhaftig auferstanden!« (»Woístinu woskrésse!«). Die Kirche ist festlich erleuchtet. Nach der Großen Ektenie erklingt der berühmte *Osterkanon* des Johannes von Damaskus. Der Osterkuß wird ausgetauscht und eine *Osterpredigt* des Johannes Chrysostomos gelesen. An den österlichen Morgengottesdienst schließt sich die Chrysostomos-Liturgie unmittelbar an. Die Epistel ist Apostelgeschichte 1, 1–8, das Evangelium Johannes 1, 1–17 (in der evangelischen Kirche ist dies einer der Weihnachts-Evangelientexte!). Letzteres wird in den Sprachen der Anwesenden und der Nachbarvölker gelesen.

Vor der Entlassung segnet der Priester den Osterkuchen, auch Eier und Milchspeisen, auf die der Gläubige in der Fastenzeit verzichten muß. Nach der Liturgie hält die Gemeinde oft ein gemeinsames Ostermahl.

Die gesamte Osterzeit hindurch erklingen in den eucharistischen und den Morgen- und Abendgottesdiensten die Ostergesänge. Das Knien entfällt, die Königstür bleibt offen. Die Sonntage zwischen Ostern und Pfingsten haben auch wieder je ihren eigenen Charakter: Der Sonntag nach Ostern ist der *Thomassonntag* (Evangelium: Johannes 20, 19–31) oder *Antipas-cha*, der zweite Sonntag der der *Myrontragenden Frauen (nedélja shen-mironósiz)* mit dem Evangelium Markus 15, 43 – Kap. 16, 8; die russische Kirche gedenkt an ihm besonders der Frauen in der Kirche. Der dritte Sonntag nach Ostern ist der Sonntag der Heilung des *Gichtbrüchigen (nedélja o rassláblennom)*, das Evangelium ist Johannes 5, 1–15; der nächste ist der der *Samariterin (nedélja o samarjányne)*, Evangelium: Johannes 4, 5–42). Der fünfte ist der Sonntag des *Blinden (nedélja o slepóm*, Evangelium: Johannes 9, 1–38) und der sechste der der *Väter des Ersten Ökumenischen Konzils (nedélja sww. otzów Pérwogo Wselénskogo Sobóra 325).* Das Evangelium hierzu wird aus Johannes 17, 1–13 gelesen. Der nächste Sonntag ist dann Pfingsten.

Das Fest der *Himmelfahrt Christi* wird vierzig Tage nach Ostern, also am Donnerstag zwischen dem fünften und dem sechsten Sonntag gefeiert (wie in den westlichen Kirchen). Die gallische Pilgerin Aetheria (oder Egeria), die am Ende des 4. Jahrhunderts das Heilige Land besuchte und uns darüber einen Bericht hinterlassen hat, teilt mit, daß zu ihrer Zeit das Himmelfahrtsfest am Pfingstnachmittag auf dem Ölberg bei Jerusalem begangen wurde. Christi Himmelfahrt *(Wosnessénije Gospódne)* gehört zu den Hochfesten der orthodoxen Kirche. Deshalb wird eine festliche Liturgie zelebriert. Die Epistellesung ist aus der Apostelgeschichte 1, 1–12, das Evangelium Lukas 24, 36–53.

Pfingsten (Pjatidesjátniza, den Swjatói Tróizy) ist der Abschluß der fünfzigtägigen Osterfestzeit. In der orthodoxen Kirche wurde aus dem ursprünglichen Fest der Ausgießung des

Heiligen Geistes ein Dreieinigkeits-, ein Trinitatisfest, das besonders am Sonntag gefeiert wird. Auf den Pfingstikonen ist die heilige Dreieinigkeit dargestellt; es gibt zwei Typen: erstens die *»Gastfreundschaft«* (griech. *philoxenía*) – das biblische Urbild ist 1. Mose 18, 1–15: der Besuch der drei Männer bei Abraham im Hain Mamre, was schon sehr früh als Abbildung der Dreieinigkeit verstanden worden ist. Der andere Typus ist die *»Vaterschaft«* (kirchenslaw. *otétschestwo*): Gottvater mit dem Sohn im Schoß und der Taube des Heiligen Geistes. Außer den Trinitätsikonen gibt es zum Pfingstfest auch die Ikone »Herabkunft des Heiligen Geistes«.

Im Abendgottesdienst des Pfingstsonntags werden die Kniebeugungen wieder eingeführt, die in der Osterzeit entfallen waren. Das Evangelium des Pfingstsonntags ist Johannes 7, 37–52 und Kap. 8, 12; das des Pfingstmontags, des Tages des Heiligen Geistes, Matthäus 18, 10–20.

Am Sonntag nach Pfingsten begeht die orthodoxe Kirche das Fest *Aller Heiligen (nedélja Wsech Swjatých)*, an dem sie nicht nur all ihrer Verstorbenen gedenkt, sondern vor allem derer, »die von Anbeginn Gott wohlgefallen haben«. Als Epistel wird Hebräer 11, 33 – Kap. 12, 2 gelesen, als Evangelium Matthäus 10, 32 + 33. 37 + 38, Kap. 19, 27–30.

Der unbewegliche Festzyklus

Der 1. Januar ist der Tag der *Beschneidung des Herrn (Obrésanije Gospódne)* und gehört zum Weihnachtsfestkreis. Er wird im byzantinischen Kirchenkalender seit dem 8. Jahrhundert geführt. Zugleich wird an diesem Tage das Gedenken des heiligen *Basileios des Großen*, Erzbischofs von Cäsarea in Kappadozien, eines der Liturgieväter der orthodoxen Kirche, begangen. Ihm zu Ehren wird auch die Basileios-Liturgie zelebriert. Das Evangelium des Beschneidungsfestes ist Lukas 2, 20–21 und 40–52, das des Basileios-Tages Lukas 6, 17–23.

Ein besonders hoher Festtag im orthodoxen Kirchenjahr ist der *Epiphaniastag* am 6. Januar, der Tag der »Heiligen Theophanie« und der »Taufe des Herrn, unseres Gottes und Erlösers

Jesus Christus« *(Swjatóje Bogojawlénije, Krestschénije Bóga i Spássa náschego Iissússa Christá).* Im 2. Jahrhundert feierte man in Ägypten und Syrien an diesem Tag das Tauffest Christi, zur Zeit der Aetheria in Jerusalem das Geburtsfest Christi. Seitdem der 25. Dezember als allgemein gültiger Weihnachtstermin festgelegt worden war, ist der 6. Januar das Fest der Gottesoffenbarung bei der Taufe Jesu im Jordan. Es ist außer der Osternacht das große Tauffest der orthodoxen Kirche. Die am 6. Januar vollzogene Wasserweihe erinnert an die Taufe Jesu. Am Vortag werden die Königlichen Stundengebete gelesen, und an den Abendgottesdienst schließt sich die Basileios-Liturgie an. Dreizehn alttestamentliche Lesungen weisen auf die Taufe hin, das Evangelium dieses Vorabends *(Nawetschérije Bogojawlénija* oder *Krestschénski sotschélnik),* Lukas 3, 1–18, verkündet Johannes den Täufer. Das Evangelium der Chrysostomos-Liturgie am Epiphaniastag stammt aus Matthäus 3, 13–17. Zur Wasserweihe, die entweder am Vorabend während der Basileios-Liturgie oder am 6. Januar selbst vor dem Schlußsegen vollzogen wird, ist das Evangelium Markus 1, 9–11, zu hören. Mit der Zeremonie der Wasserweihe wird der Gang Jesu zum Jordan dramatisch nachvollzogen. Unter der Fülle von Hymnen, Lesungen und Gebeten wird Christus angerufen, seinen »Heiligen Geist auf das Wasser herabzurufen und es zu heiligen, damit es allen, die davon schöpfen und genießen, zum Heil der Seele und des Leibes gereiche.« Danach schöpfen die Gläubigen das Wasser, trinken davon oder nehmen es mit nach Hause.

Der 7. Januar ist als Nachfeier zu Epiphanias der Tag des *Vorläufers und Täufers des Herrn, Johannes (Sobór Predtétschi i Krestítelja Gospódnja Joánna),* das Evangelium ist aus Johannes 1, 29–34.

Das Fest der *Darstellung des Herrn (Srétenije Góspoda náschego Iissússa Christá)* am 2. Februar entspricht dem Tag Mariä Lichtmeß in der westlichen Kirche. Nach Lukas 2, 22 f. (Evangelium des Festtags: bis Vers 40) wurde Jesus vierzig Tage nach seiner Geburt in den Tempel zur »Darstellung« und zum Erstlingsopfer gebracht, wo ihm Simeon und die Prophetin Hanna begegneten. Von diesem Hochfest berichtete schon die bereits erwähnte Pilgerin Aetheria, daß es in Jerusalem gefeiert wurde. In Konstantinopel wurde es 542 erstmals unter Kaiser Justinian mit einer großen Prozession begangen. Im festlichen Morgengottesdienst wird in einer Prozession die Tagesikone aus dem Altarraum zu den mit brennenden Kerzen wartenden Gläubigen getragen und von ihnen besungen und verehrt. Das Fest beginnt am Vorabend *(Predprásdnstwo Sréteníja Gospódnja)* und dauert eine Woche. Morgengottesdienst und Liturgie sind durch festbezogene Gesänge geprägt. Fällt das Fest auf einen Sonntag, dann kommen Teile der Gottesmutterfeste in der Liturgie vor.

Der 25. März ist das Fest der *Verkündigung an die Gottesmutter (Blagowéstschenije Preswjatói Bogoródizy)* nach Lukas 1, 24–38 (Evangelium des Festtags). Das Fest wird erstmals in der Mitte des 6. Jahrhunderts durch den Bischof Abramios von Ephesus bezeugt. Das Festtroparion des Tages lautet: »Heute nimmt unsere Erlösung ihren Anfang, und es wird offenbar das Geheimnis von Ewigkeit her: Gottes Sohn ist Sohn einer Jungfrau geworden, und Gabriel tut ihr die Gnade kund. Mit ihm rufen auch wir dir, Gottesgebärerin, zu: Gegrüßet seist du, voll der Gnade, der Herr ist mit dir!«

Der *Verklärung Christi (Preobrashénije Góspoda Bóga i Spássa náschego Iissússa Christá)* wird am 6. August gedacht. Das Fest entstand wahrscheinlich auf dem Berg Tabor, auf dem die Überlieferung das zu feiernde Ereignis lokalisiert hatte. Dort war eine Gedächtniskirche errichtet worden, die seit dem 5. Jahrhundert Ausgangspunkt des Festes für den Osten wurde. Als sich in der byzantinischen Theologie und Frömmigkeit der *Hesychasmus* ausbreitete, der in der Schau des göttlichen Taborlichts höchste Erfüllung fand, erreichte das Fest der Verklärung Christi seine größte Bedeutung. Es beginnt am Vorabend und wird eine Woche lang gefeiert. Tagesevangelium ist der neutestamentliche Bericht der Verklärung, Matthäus 17, 1–9.

Heimgang (Entschlafen) der Gottesmutter (Uspénije Preswjatói Wladýtschizy náschei Bogoródizy i Prisnodéwy Marii) – der Festtag entspricht dem westlichen Mariä-Himmelfahrts-Fest und fällt auf den 15. August. Er ist wohl in der Mariengrabkirche in Gethsemane entstanden und wird im 6. Jahrhundert für Konstantinopel bezeugt. Es geht eine vierzehntägige Fastenzeit voraus. Das Festtroparion lautet: »Gebärend hast du die Jungfräulichkeit bewahrt, bei deinem Heimgang hast du die Welt nicht verlassen. Du bist zum Leben gelangt, Mutter dessen, der das Leben ist. Bewahre durch deine Fürsprache auch uns vor dem Tode der Seele!« In der Liturgie wird als Evangelium Lukas 10, 38–42, und 11, 27–28 gelesen.

Das orthodoxe *Kirchenjahr* beginnt am 1. September jeden Jahres, dieser Beginn heißt *Indiktion (natschálo indíkta – zerkównoje nowolétije).* Die Berechnung geht auf die Einführung von Steuerzyklen unter Kaiser Diokletian zurück. Ein Indikt war ein Zyklus von fünfzehn Jahren; die Indiktionszahl gab die Stellung eines Jahrs innerhalb des Zyklus an. Das Evangelium für das kirchliche Neujahrsfest ist Lukas 4, 16–22.

Der Neujahrsgottesdienst wird in der russischen Kirche allerdings am 1. Januar neuen Stils gefeiert.

Auch der 8. September ist ein Gottesmutterfest, *Mariä Geburt (Roshdestwó Preswjatói Wladýtschizy náschei Bogoródizy i Prisnodéwy Maríi).* Das Fest entstand in der Jerusalemer Kirche St. Anna, in deren Krypta die Geburtsstätte der Gottesmutter verehrt wird. Im 6. Jahrhundert ist das Fest für Konstantinopel bezeugt. Das Festtroparion lautet: »Deine Geburt, Jungfrau, Gottesgebärerin, hat alle Welt mit Freude erfüllt. Denn aus dir ging auf die Sonne der Gerechtigkeit, Christus, unser Gott. Er hat den Fluch getilgt und Erlösung gebracht, den Tod vernichtet und uns ewiges Leben geschenkt.« Auch hier wird als Evangelium Lukas 10, 38–42 und Kap. 11, 27 und 28 gelesen – wie am Uspenije-Fest.

Kurz danach feiert die orthodoxe Kirche das Fest der *Kreuzerhöhung (Wosdwishenije Tschestnágo i Shiwotworjástschago Krestá)*, nämlich am 14. September. Aus dem Pilgerbericht der Aetheria ist zu erfahren, daß das Fest schon zu ihrer Zeit in der Jerusalemer Grabeskirche zum Andenken an die Auffindung des Kreuzes Christi gefeiert wurde, das am 13. September 326 gefunden und am 14. September in der konstantinischen Grabeskirche zur Kirchweihe erstmals gezeigt worden war. Im Jahre 630 wurde es dann durch Kaiser Herakleios von den Persern zurückerobert und wieder inthronisiert. Seitdem gehört der 14. September zu den Hochfesten der orthodoxen Kirche. – Im

Morgengottesdienst wird das Kreuz nach der Großen Doxologie vom Altar genommen, in die Mitte der Kirche getragen und eine Woche lang von den Gläubigen verehrt; sie fallen vor ihm nieder und küssen es. In dieser Zeit wird anstelle des Dreimalheilig in der Liturgie gesungen: »Wir verehren, Herr, dein Kreuz und preisen deine heilige Auferstehung.« Der Evangelientext ist aus Johannes, Kapitel 19, die Verse 6b–11a, 13–20, 25–28a, 30b–35a.

Ein Fest, das vor allem in der Russischen Kirche begangen wird, ist *Pokrow*, der Tag zu Ehren des Schutzmantels der Gottesmutter *(Pokrów Preswjatói Wladýtschizy náschei Bogoródizy i Prismodéwy Maríi)*, das auf eine legendäre Vision der Bewahrung Konstantinopels vor feindlicher Bedrohung zurückgeht. Es wird am 1. Oktober gefeiert, Tagesevangelium ist wie an anderen Gottesmutterfesten Lukas 10, 38–42 und Kapitel 11, 27 + 28.

Dieses Evangelium kommt auch am 21. November zur Verlesung, dem Tag der *Einführung der Gottesmutter in den Tempel (Wwédenije wo chram Preswjatói Wladýtschizy náschei Bogoródizy i Prisnodéwy Maríi)*. Das Fest wird erstmals durch den Patriarchen Germanos I. von Konstantinopel († 733) bezeugt. Das Festtroparion lautet: »Heute wird die Gnade Gottes im Vorbild gezeigt und die Erlösung der Menschheit vorausverkündigt. Die Jungfrau betritt den Tempel und kündigt dadurch Christus an. Ihr rufen wir mit lauter Stimme zu: Sei gegrüßt, du Erfüllung der Göttlichen Vorsehung!«

Das Fest der *Geburt Christi (Roshdestwó Góspoda Bóga i Spássa náschego Iissússa Christá)*, im deutschen Sprachgebrauch Weihnachten, wird auch am 25. Dezember gefeiert. Es wurde durch Gregor von Nazianz in Konstantinopel eingeführt, der dort von 379 bis 381 Bischof war. Vorbereitet wird es durch ein vierzigtägiges Fasten und umfaßt fünf Tage Vor- und sechs Tage Nachfeier. Die beiden Sonntage vor dem Fest sind Gedenktage an die heiligen Vorväter und die heiligen Väter. Am Vortag *(Nawetschérije Roshdestwá Christówa* oder *Roshdestwénski sotschélnik)*, der unserem Heiligen Abend entspricht, werden die Königlichen Stundengebete gelesen, und an den Abendgottesdienst schließt sich die Basileios-Liturgie an. Wie im Abendgottesdienst vor Ostern gehen der Epistellesung (Hebräer 1, 1–12) und der Lesung des Evangeliums (Lukas 2, 1–20) alttestamentliche Lektionen voraus, die das Heilsereignis prophezeien: 1. Mose 1, 1–3; 4. Mose 24, 2–3. 5–9. 17 + 18; Micha 4, 6 + 7 und 5, 1–3; Jesaja 11, 1–10; Baruch 3, 36–Kap. 4, 4; Daniel 2, 31–36. 44 + 45; Jesaja 9, 5 + 6, Kap. 7, 10–16, Kap. 8, 1–4. 8–10.

Am Festtag selbst wird im Anschluß an die Nachtwache die Chrysostomos-Liturgie gefeiert, wenn allerdings der Vortag des Geburtsfestes ein Sonnabend oder Sonntag ist, wird im Anschluß an den Abendgottesdienst die Chrysostomos-Liturgie, am Festtag selbst aber die Basilieios-Liturgie zelebriert. Die Lesungen des Weihnachtsfestes: Galater 4, 4–7 (Epistel) und Matthäus 2, 1–12 (Evangelium). Das Weihnachtskontakion lautet: »Die Jungfrau gebiert heute den, der vor allem Sein war, und die Erde bietet eine Höhle dar dem Unnahbaren. Die Engel lobpreisen mit den Hirten, die Magier wandern dem Stern nach, denn für uns ist geboren als junges Kindlein, der vor Ewigkeiten Gott ist.« Die Botschaft dieses Kontakions hat auch auf den Weihnachtsikonen ihre bildliche Darstellung gefunden.

Der 2. »Weihnachtstag«, der 26. Dezember, ist wieder ein Mariengedenktag, *Sýnaxis der Gottesmutter (Sobór Preswjatói Bogoródizy)* – das griechische beziehungsweise kirchenslawische Wort wird hier vielleicht mit »Berufung« am angemessensten übersetzt. Ursprünglich ein Stationsgottesdienst auf dem Wege von Jerusalem nach Bethlehem, wird jetzt an diesem Tage der Flucht nach Ägypten gedacht. Das Evangelium ist dementsprechend Matthäus 2, 13–23.

Die Zeit von Weihnachten bis zum 5. Januar (*Swjátki* = »heilige Tage«) wird durch besondere Festfreude geprägt, es entfällt daher das Fasten an den Mittwochen und Freitagen.

Noch einmal sei hier darauf hingewiesen, daß alle diese Tage des unbeweglichen Festkalenders (ebenso wie die des beweglichen; aber hier ist nur die Differenz zu den Festtagen der westlichen Christenheit von Belang) von der russischen Kirche und einigen anderen orthodoxen Kirchen nach dem »alten (= julianischen) Stil« begangen werden, der dem »neuen (= gregorianischen) Stil« gegenüber dreizehn Tage nachfolgt.

Um Irrtümer und Verwirrungen zu vermeiden, sei hier eine vergleichende Zeittabelle für die Tage des unbeweglichen Festkalenders gebracht:

alter Stil		*neuer Stil*
24. 12.	»Weihnachts«-Vorabend	6. 1.
25. 12.	Christi Geburt	7. 1.
26. 12.	Synaxis der Gottesmutter	8. 1.
1. 1.	Beschneidung Christi	14. 1.
6. 1.	Epiphanias – Theophanie	19. 1.
7. 1.	Johannes der Täufer	20. 1.
2. 2.	Darstellung Jesu	15. 2.
25. 3.	Mariä Verkündigung	7. 4.
6. 8.	Verklärung Christi	19. 8.
15. 8.	Mariä Heimgang (oder Entschlafen)	28. 8.
1. 9.	Indiktion – neues Kirchenjahr	14. 9.
8. 9.	Mariä Geburt	21. 9.
14. 9.	Kreuzerhöhung	27. 9.
1. 10.	Pokrow	14. 10.
21. 11.	Mariä Einführung in den Tempel	4. 12.

Schließlich kennt die orthodoxe Kirche eine Reihe von *Gedenktagen für Märtyrer und Heilige.* Etwa seit dem Jahr 200 wurden von den Christen die Todestage der Märtyrer jährlich an ihren Begräbnisstätten gefeiert. Der Todestag eines Märtyrers gilt als sein Geburtstag zum ewigen Leben. Später sammelte man biographische Notizen, die zu Martyrologien (Märtyrerberichten) zusammengestellt, literarisch bearbeitet und als Heiligen-Kurzviten (Lebensbeschreibungen) in den *Synaxarien* (»Sammlungen«) festgehalten wurden. In dieser Form kommen sie an den Märtyrergedenktagen in der Liturgie zu Gehör. Ausführliche Vitensammlungen finden sich in den *Lesemenäen (tschetji minéi)*, nach dem Kirchenjahr geordneten Sammlungen von Heiligenleben für den privaten, erbaulichen Gebrauch. Hier folgen einige wichtige Heiligenfeste der orthodoxen Kirche:

alter Stil		*neuer Stil*
1. 1.	Basileios der Große	14. 1.
18. 1.	Athanasius und Cyrill von Alexandrien	29. 1.
25. 1.	Gregor von Nazianz	7. 2.
18. 3.	Cyrill von Jerusalem	31. 3.
24. 6.	Geburt Johannes' des Täufers	7. 7.
29. 6.	Apostelfürsten Petrus und Paulus	12. 7.
29. 8.	Enthauptung Johannes' des Täufers	11. 9.
1. 9.	Symeon Stylites (der »Säulensteher«)	14. 9.
3. 10.	Dionysius Areopagita	16. 10.
13. 11.	Johannes Chrysostomos	26. 11.
6. 12.	Nikolaus von Myra	19. 12.

Daneben gibt es eine Reihe von Lokalheiligen, die in der betreffenden orthodoxen Nationalkirche besonders verehrt werden, wenngleich ihre Kanonisierung (Heiligsprechung) für die gesamte Orthodoxie gilt. In der russischen Kirche gehört neben vielen anderen der Fürst Alexander Newski (23. 11./6. 12.) dazu.

Das Kirchengebäude und seine Ausstattung

Das Kirchengebäude

Der Ort, in dem die Liturgie gefeiert wird, ist das Kirchengebäude. Aber dieser Ort, an dem nach orthodoxem Verständnis die Anbetung der Menschen sich mit der der Engel verbindet, ist nicht nur dienendes Gefäß. Er wird zum *heiligen* Ort durch die Weihe des Gebäudes und des Altars, und er wird zum Träger symbolischer Bedeutungen, die der abgestuften Heiligkeit seiner Teile angepaßt sind.

Seit dem 6. Jahrhundert setzten sich in der Ostkirche Tendenzen zum Zentralbau durch, die schließlich in der byzantinischen *Kreuzkuppelkirche* gipfeln: Über der kreuzförmigen Vierung zweier sich durchdringender Längsräume erhebt sich der Tambour mit der Kuppel. Im Osten schließt sich der Altarraum an, im Westen ist eine Vorhalle *(Narthex)* vorgelagert. Dieses Idealschema ist mannigfach abgewandelt worden. Nebenkuppeln können die Hauptkuppel begleiten. Die Vorschrift, daß an einem Altar nur täglich einmal die Göttliche Liturgie gefeiert werden darf, führte in größeren Kirchen zur Vermehrung der Altäre in Seitenräumen, und dies bedingte wiederum eine starke Aufgliederung des Innern. In Klöstern stellte der mit einem Altar versehene Speisesaal *(trapésa)* eine längsgerichtete Saalkirche dar *(trapésnaja zérkow)*. In einigen orthodoxen Gebieten, zum Beispiel in Rumänien, sind Kirchen gebaut worden, deren langgestreckte äußere Gestalt die im Innern vorhandene Kuppel verhüllt oder wo die Kuppel durch die Innenausmalung illusionistisch dargestellt wurde.

Kloster Neu-Jerusalem in Istra bei Moskau

Die Ausrichtung einer Kirche bezieht sich auf den Altar, nimmt also eine West-Ost-Richtung ein: Wir sprechen von der »Ostung« oder »Orientierung«. Der Altarraum, durch die Bilderwand vom Kirchenschiff (griech. *naós* = Tempel) getrennt, ist das Allerheiligste. Zwischen dem Altar und der Bilderwand dürfen sich nur Geweihte, ordinierte Amtsträger (Diakone, Priester, Bischöfe), bewegen. Die Bilderwand steht auf einer Art Podest, der *soléja*, zu dem Stufen hinaufführen und das vor der Königstür eine halbrunde Ausbuchtung ins Kirchenschiff hinein hat, den *Ambon* (kirchenslaw. *amwón*); davor befinden sich das Ikonen- und das Lesepult. Von hier aus werden das Evangelium gelesen und die Predigt gehalten. Die Epistel wird vom Platz vor dem Ambon, nach Osten gerichtet, gelesen.

Fast jede orthodoxe Kirche ist reich mit Bildern ausgeschmückt, die nach einem bestimmten System angeordnet sind. An der vornehmsten Stelle, in der Wölbung der Hauptkuppel,

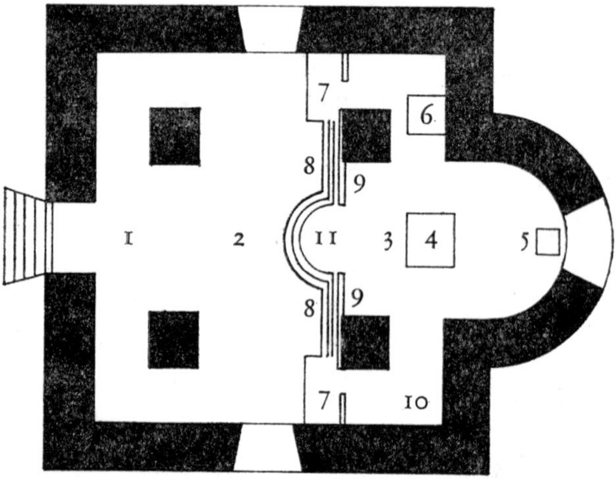

1 Vorraum (Narthex) 2 Mittelteil (Schiff) 3 Altarraum 4 Altar
5 Bischofsthron 6 Rüstaltar (Prothesis) 7 Chorplatz (Kliros)
8 Podest (Soleja) 9 Bilderwand 10 Sakristei (Diakonikon)
11 Ambo (Amwon)

Grundriß eines orthodoxen Gotteshauses
(Alexander-Newski-Kirche in Potsdam)

hat Christus seinen Platz. Er wird in Halbfigur als der *Allherrscher (Pantokrátor*, kirchenslaw. *Wsedershitel)* wiedergegeben. Die Linke hält das Evangelienbuch, die Rechte ist im Segensgestus erhoben. »Von oben schaut er herab auf die Erde, ihre Ordnung und Regierung bedenkend« (Photios). Auch in den Nebenkuppeln sind Christusbilder angebracht; hier finden sich dann andere Typen, etwa *Immanuel* (das Christuskind) oder der *nicht von Händen gemachte Erlöser (Acheiropóietos*, kirchenslaw. *Spas nerukotwórny*), der Legende nach ein durch Gesichtsabdruck auf einem Tuch wunderbar entstandenes Christusbild. Christus ist umgeben von Engeln, Patriarchen und Propheten, die den Kuppeltambour (den Zylinder, auf dem die

Kuppel ruht) füllen. Der nächst würdige Platz ist der Gottesmutter vorbehalten: die Halbkuppel der Apsis. Allein die Tatsache, daß häufig die hohe Bilderwand die Maria in der Apsis verdeckt, zeigt, daß verschiedene liturgische und dekorative Programme ineinander gewachsen sind und sich nun gegenseitig überschichten.

Die nächst tiefere Zone ist dem Festkreis gewidmet. Szenen aus dem Leben Christi herrschen hier vor. Sie können sich auch in den Trompen (Eckwölbungen) finden, die vom Quadrat zum runden Kuppeltambour überleiten. Jedoch werden hier oft auch die vier Evangelisten dargestellt, besonders wenn die Überleitung durch Pendentifs (Gewölbezwickel) geschieht. Relativ unabhängig vom Festkreis ist die Darstellung der Verkündigung an Maria am Choreingang, die zu den ältesten Bestandteilen dieses Dekorationssystems gehört. Verkündigungsengel und Gottesmutter sind auf die beiden Seiten des Triumphbogens verteilt. Ihr Gespräch geschieht über die Öffnung zur Apsis hinweg. Der besondere Sinn der Szene dürfte in der vorbildlichen Willenseinung liegen: »Siehe, ich bin des Herrn Magd, mir geschehe, wie du gesagt hast«, ist der Verkündigungsmaria in der Kiewer Sophienkathedrale beigeschrieben. Besonderen Sinnbezug hat auch das Abendmahl, wie es im Altarraum dieser Kirche unterhalb des Bildes der Gottesmutter dargestellt ist. Nicht die historische Szene liefert hier das Vorbild, sondern das liturgische Geschehen am Altar: Zu beiden Seiten eines mit Baldachin versehenen Altars stehen Christusgestalten. Die eine reicht sechs ehrfürchtig sich nahenden Aposteln das Brot, die andere den übrigen sechs Aposteln den Kelch. Die Wiedergabe des historischen Abendmahls in der Gestalt seiner liturgischen Wiederholung schlägt die Brücke zu dem realen Altar, hinter dem die Darstellung angebracht ist: Das liturgische Geschehen beeinflußt das ikonographische Schema. Dabei bezeichnet das Wort »Ikonographie« hier die Lehre von den Bildinhalten im Unterschied zur Stilbestimmung. Ikonographie fragt nicht, *wie* etwas, sondern *was* dargestellt ist. Dieser Begriff bezieht sich nicht nur auf Ikonen, sondern auf alle Arten verbildlichender Kunst. Daneben wird »Ikonographie« auch im Sinne von »Ikonenmalerei« gebraucht.

Die Dekoration der unteren Zone zeigt den Chor der Heiligen, die, meist nach Gruppen geordnet, die übrige Kirche füllen. Da ist zum Beispiel die Gruppe der kanonisierten (heiliggesprochenen) Bischöfe einschließlich der Kirchenlehrer; dann die Zeugen des Glaubens, die Märtyrer, die Christus in den Tod nachgefolgt sind; heilige Krieger ebenso wie Mönchsväter, deren Vorbildwirkung die Kirche durch die Heiligsprechung hervorgehoben hat.

Dekorationssysteme sind wie die Systeme ihrer Deutung nicht etwas abstrakt Entworfenes, sondern – wie auch die Liturgie – etwas historisch Gewachsenes. Einzelelemente sammelten sich an, wurden systematisiert und mit einer einheitlichen Deutung versehen. Doch die weitere Entwicklung sprengte die Deutung, indem sie neue Elemente angliederte, die nicht in das alte Schema paßten. Über die alte Deutung lagerten sich neue, was zu einem Konglomerat von Bildern, Dekorationssystemen und Deutungen führte. Dieser Prozeß hält noch an. Einige Deutungen dominieren, ohne daß sie den ganzen Bildbestand dekken. Inkonsequenzen treten allerorts zutage.

Das geschilderte System ist in sich nicht einheitlich, insofern es die himmlische Hierarchie mit dem Pantokrator an der Spitze und die Christusgeschichte miteinander verbindet. Offenbar wirkt hier das Schema der Basilika-Dekoration nach. In dieser thronte Christus, der Herrscher, in der Apsis, an den Langhauswänden wurde biblische Geschichte erzählt. Im Zentralbau ist beides ineinandergeschoben.

Ein relativ selbständiges Dasein führt die Darstellung des Jüngsten Gerichts im Westen des Kirchenraums. Wir finden sie auch häufig im Narthex (Vorhalle) oder an der westlichen Außenwand. Auch in ihr ist der herrschende Christus Thema; insofern handelt es sich um eine Wiederholung des die Kirche beherrschenden Systems. Doch ist hier der Allherrscher noch stärker als Weltenrichter herausgestellt. Die Westteile der Kirche beherbergen auch die Darstellungen der Ökumenischen Konzile wie die der weltlichen und geistlichen Stifter. In späterer Zeit findet sich nicht selten die Abbildung des Entschlafens der Gottesmutter an der Westwand des Naos.

Die Bedeutung des Kirchenraums unterliegt verschiedenen

Interpretationen. So symbolisiert er den Kosmos, vor allem aber den Himmel. Als nach der Nestorchronik die Gesandten des russischen Großfürsten Wladimir nach Konstantinopel kamen, um die Religion der Byzantiner zu prüfen und dort den Gottesdienst erlebten, wußten sie nicht mehr, ob sie »im Himmel oder auf Erden« waren. Das ist mehr als bloße Redeweise. Die Kuppel hatte seit Urzeiten Himmelsbedeutung, und das Himmelsbild ist durch die Dekoration noch unterstützt worden, waren doch Christus und seine Heiligen selbst in ihren Bildern anwesend. Aber auch das Geschehen am Altar vermittelte den leibhaftigen Christus und holte den Himmel auf die Erde. Der Verbindung von himmlischer und irdischer Liturgie ist häufig bildhafter Ausdruck verliehen worden. In der Kuppel, aber auch am Außenbau, ist die himmlische Liturgie dargestellt, wobei sich der Altar natürlich immer im Osten befindet.

Doch verschiedene Bildzyklen überschneiden sich und schieben sich ineinander. Wiederholungen (Iterationen) finden statt. Schon die Christusbilder der Nebenkuppeln wiederholen den Pantokrator der Hauptkuppel und verunklären den Gedanken des Einen Herrschers. Das Gerichtsbild bietet ein eigenes Programm, und ebenso die Bilderwand, deren System als Doppelung der Gebäudedekoration angesehen werden muß. Eigene Systeme, die zum Teil ebensolche Iterationen darstellen, finden sich in Nebenräumen. Der Narthex bietet nicht selten noch einmal Christus, seine Engel und Heiligen. Über dem Eingang findet sich meist wiederum ein Bild des Christus-Pantokrator. Die relative Selbständigkeit des Narthex wie sein untergeordneter Charakter macht ihn zum geeigneten Platz für die Darstellung der Legende und anderer Ausschmückungen.

Die Prothesis, der Raum seitlich des Altarraums mit dem Rüstaltar, ist wegen der hier vollzogenen mystischen Schlachtung im besonderen der Ort der Passionsikonen.

Das hier geschilderte Schema hat in seiner strengen Form seine Blüte in mittelbyzantinischer Zeit erlebt. Es wird unter anderen durch die griechischen Klosterkirchen des 11. Jahrhunderts, *Hósios Lukás, Neá Moní, Dáphni* bei *Athen,* repräsentiert. Die Kiewer Sophienkathedrale steht am Anfang einer langen Reihe russischer Denkmäler. Die balkanischen Kirchen zeigen es ebenso. Dieses Idealschema ist aber oft variiert oder reduziert worden. Ja, die neuere Zeit konnte sich auf wenige Bildelemente beschränken. Doch diese sind dann beredte Zeugen umfangreicherer Programme, von denen her sie ihre Deutung erhalten. Räume wie die Trapesa hingegen boten manchmal in freierer Weise Platz für die Darstellung der biblischen Geschichte.

Die Bilderwand
(der Ikonostás, die Ikonostáse)

Bereits in frühchristlicher Zeit wurde das *Presbytérium*, der für die Kleriker reservierte Altarraum, vom Gemeinderaum durch eine Schranke abgetrennt. Später erhielt diese Schranke einen Aufsatz in Gestalt einer Säulenreihe mit einem darüber gelegten *Architráv* (ein meist steinerner Querbalken). Die Zwischenräume zwischen den Säulen waren wohl durch Vorhänge geschlossen. An solch entwickelter Schranke konnten in mannigfacher Weise Bilder angebracht werden. Für die Konstantinopler *Hagia Sophia* des 6. Jahrhunderts sind am Architrav Silberreliefs Christi und der Apostel bezeugt. Diese erschienen auch auf erhaltenen Architravbalken des 11. bis 13. Jahrhunderts auf dem Sinai. Doch sind hier auch Balken erhalten, auf denen der Festkreis dargestellt ist. Beide Themen sollten dann in der Folgezeit die Grundelemente bilden. Wichtig wurde die Verbindung des herrschenden Christus mit dem Thema der *Déesis*, der Fürbitte, die sich ebenfalls bereits auf den genannten Architravbalken findet: Maria und Johannes der Vorläufer (der Täufer) erscheinen in fürbittender Gebärde zu beiden Seiten Christi. Ihnen schließen sich später die Erzengel Michael und Gabriel, die Apostel Petrus und Paulus sowie weitere Heilige, darunter die bedeutendsten altkirchlichen Theologen, an. Die Zusammenstellung ist in ihrem Grundbestand alt und findet sich auch in Gebeten der westlichen Christenheit, in denen diese als Fürbitter um Vermittlung angerufen werden. Die Fürbitte der Heiligen läßt den Pantokrator in der Mitte des Bildsystems

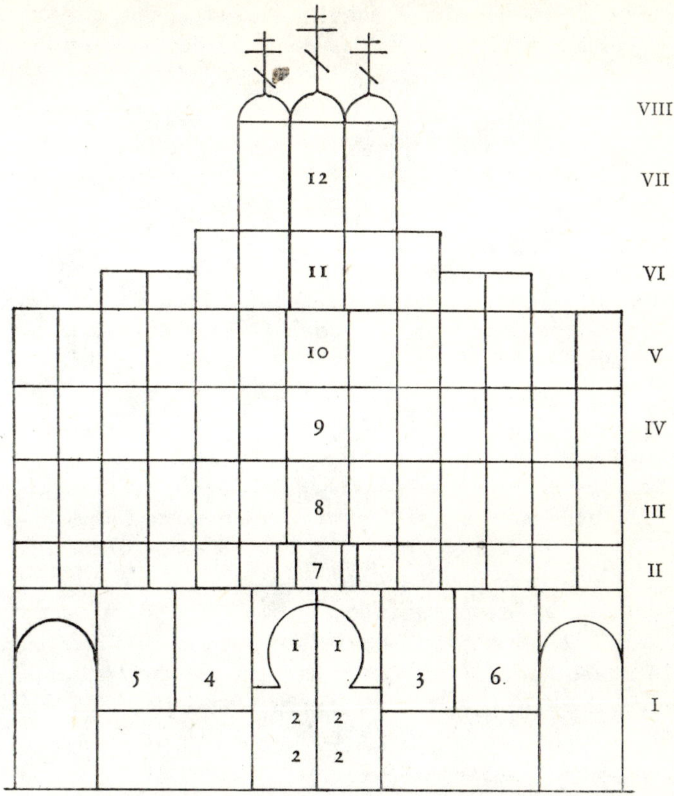

I Verehrungs- oder Ortsreihe
1 Verkündigung an Maria 2 die vier Evangelisten
3 Christus Pantokrator 4 Gottesmutter von Smolensk
5 Metropolit Alexi von Moskau 6 hl. Nikolaus

II Festtagsreihe 7 hl. Abendmahl

III Deesis-Rang 8 Christus Pantokrator

IV Thronende Gottesmutter (9), beiderseits russische Heilige

V Prophetenreihe 10 Trinitätsikone »Vaterschaft«

VI Patriarchenreihe 11 Ikone »Gottesmutter des Zeichens«

VII Die Göttliche Weisheit (12) mit Gottesmutter und Johannes dem Täufer (eine zweite »Deesis«-Reihe)

VIII Kreuzigung

Beispiel einer Bilderwand
(Metropolit-Alexi-Gedächtniskirche in Leipzig)

zum Weltenrichter werden. Ihre Hinwendung zu ihm wird zum organisierenden Prinzip, aus dem ein einheitlich deutbares Programm entsteht, besonders als in Rußland im 14. und 15. Jahrhundert zu dieser entfalteten Deesis und der Festtagsreihe weitere Reihen oder *Ränge* hinzukamen. Da gleichzeitig die Ikonen der einzelnen Ränge bis zu zwei Meter Höhe vergrößert wurden, entwickelte sich hier die ursprünglich dekorierte Schranke zur raumteilenden Bilderwand.

Im entwickelten System finden sich folgende Ränge: Ganz oben nimmt Gott Zebaoth, die alttestamentliche Trinität *(Philoxenia),* die neutestamentliche Trinität (Gottvater und Christus thronend, dazwischen die Geisttaube) oder die Vaterschaft die Mitte ein. Das zentrale Kreuz auf der Bilderwand, das sich besonders auf balkanischen und südrussischen Bilderwänden findet, aber einer älteren Traditionsschicht entstammt, kann als Kreuzigungsdarstellung in diese Reihe rücken. Die nächste Reihe bildet der *Prophetenrang.* Inmitten der alttestamentlichen Propheten ist die Mutter Gottes angebracht. Besonders beliebt ist hier die *Gottesmutter des Zeichens (Snámenije),* die mit erhobenen Armen Betende, vor deren Brust in einem Medaillon das göttliche Kind schwebt. Dieser Typ, der sein Urbild in der Blachernenkirche zu Konstantinopel hatte, bezeichnet im besonderen die von den Propheten geweissagte Gottesmutter (vor allem Jesaja 7, 14: »Der Herr selbst wird euch ein Zeichen geben: Siehe, eine Jungfrau ist schwanger und wird einen Sohn gebären, den wird sie nennen Immanuel«).

Kernstück der *Hauptreihe* oder *Deesis-Reihe (»tschin«)* und Zentrum der Bilderwand ist der Pantokrator Christus, dem sich in Form der erweiterten Deesis die Reihe der Fürbitter zuwendet, als erste Maria und Johannes der Täufer. Über oder unter dieser Hauptreihe befindet sich der *Festtagsrang.* Als kanonisch gilt der *Zwölferfestkreis* (griech. *Dodekaórtion*), der die Hauptfeste des Kirchenjahrs umfaßt. Eine ältere Reihe zählt folgende auf: Verkündigung an Maria, Christi Geburt, Darstellung Christi im Tempel, Taufe, Verklärung, Auferweckung des Lazarus, Einzug in Jerusalem, Kreuzigung, Anastasis (Auferstehung Christi in Gestalt der siegreichen Höllenfahrt), Himmelfahrt, Pfingsten, Heimgang der Gottesmutter. Eine neuere Reihe kennt:

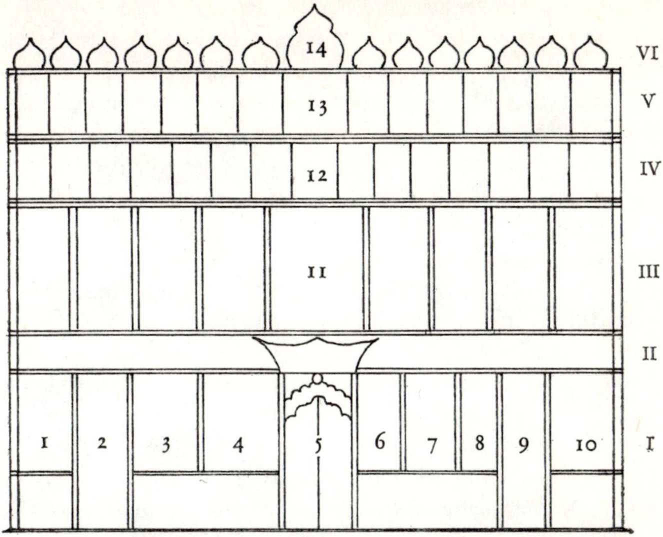

I Verehrungsreihe
1 Gottesmutter von Tichwin 2 Erzengel Uriel (nördliche Tür)
3 Erlöser auf dem Thron 4 Gottesmutter Hodigitria 5 Königstür mit Verkündigung und vier Evangelisten 6 Erlöser auf dem Thron
7 Verkündigung von Ustjug 8 Johannes der Täufer, Apostel Petrus, Alexi der Gottesmensch 9 Erzengel Rafael (südliche Tür)
10 Erlöser von Smolensk

II Monatsikonen

III Deesis-Rang 11 Christus Pantokrator

IV Festtagsreihe 12 Jesu Einzug in Jerusalem

V Prophetenreihe 13 Gottesmutter auf dem Thron

VI Reihe der Urväter 14 Gott Zebaoth

Beispiel einer Bilderwand
(Mariä-Verkündigungs-Kathedrale im Moskauer Kreml)

Geburt der Gottesmutter, ihre Einführung in den Tempel, Verkündigung, Geburt Christi, Darstellung im Tempel, Taufe, Verklärung, Einzug in Jerusalem, Himmelfahrt, Pfingsten, Heimgang der Gottesmutter, Kreuzerhöhung. Wie ersichtlich, ist die Reihe variabel. Einzelne Szenen können ausgetauscht werden, oft begegnen auch mehr als zwölf Festikonen. Als weiterer Rang kann eine Reihe von *Monats-* oder *Kalenderikonen* angefügt werden. Die unterste Zone der Bilderwand ist die der Türen und der *Verehrungsikonen.* Mittelstück ist die Königstür. Auf ihren Flügeln sind meist die vier Evangelisten und darüber die Verkündigung an die Gottesmutter dargestellt. An den Türpfosten können die Liturgieväter erscheinen, Johannes Chrysostomos und Basileios von Cäsarea. Über der Tür ist der Platz des Abendmahls, das in der liturgischen Form dargestellt wird. Doch wird in jüngerer Zeit dafür auch gern eine Kopie vom Abendmahlsbild des Leonardo da Vinci gewählt. Zu beiden Seiten der Königstür sind zwei große Ikonen angebracht, rechts die Christi, links die der Gottesmutter. Neben ihnen, entweder neben der Christus- oder neben der Gottesmutterikone, hängt gewöhnlich die Ikone mit dem Heiligen oder dem Fest, dem die betreffende Kirche geweiht ist. Handelt es sich um eine Christus- oder Trinitätskirche, dann kann dieses Bild die Christusikone ersetzen. Bei Gottesmutterkirchen ist dann die links von der Königstür hängende die Namens- (*Patroziniums-*)Ikone. Die beiden Türen zu Prothesis und Diakonikon sind den in der Liturgie Dienenden, den Diakonen, vorbehalten. Entweder erscheinen hier heilige Diakone oder die Vorbilder der Diakone, die bei der himmlischen Liturgie dienenden Erzengel. Die weiteren Plätze der unteren Zone sind, örtlich verschieden, besonders beliebten und verehrten Heiligen zugewiesen. Die grundsätzlich festliegende Ordnung der Bilderwand nimmt hier lokale Prägung an.

Das geschilderte System ist aus älteren Bestandteilen erwachsen. Die Beschreibung des Programms macht schon die Verwandtschaft zum Programm der Kirchendekoration deutlich. Ein großer Teil der Grundelemente begegnet hier wie dort: Herrschender Christus, Gottesmutter, Heilige, Evangelisten, Abendmahl, Verkündigung, Festkreis. Im Prinzip handelt es sich um eine Doppelung, bei der weitere deutende Systematisierungen zu unterschiedlicher Ausprägung führten. Für die Gestaltung der entfalteten Bilderwand ist die Hinwendung zu Christus als zentraler Gestalt der Deesis maßgebend. Der weitere Ausbau geschah in heilsgeschichtlichem Sinne in zwei Zonen, die durch ebensolche Zuwendung in sich geschlossen sind: der Gott des Alten Testaments inmitten der Urväter (kirchenslaw.

praotétscheski járus) und die geweissagte Gottesmutter zwischen den Propheten *(prorótscheski járus)*. Die Deesis-Reihe *(tschin)* heißt auch *»déisusny járus«*, die Festtagsreihe *»prásdnitscheski járus«*, die Lokalreihe *»méstny járus«*.

Eine neuere Gesamtdeutung *(L. Ouspensky)* setzt hier ein und begreift das Programm der Bilderwand als Darstellung des Abstiegs Gottes und des Aufstiegs des Menschen. Von den Urvätern geht die Heilsgeschichte über die Propheten zur Menschwerdung Christi, dargestellt im Festkreis. Der Auferstandene und Erhöhte ist der Herrscher, der auch der Richter ist, aber vorerst seine Gnade den Menschen zuteil werden läßt, in Wort und Sakrament, in der Liturgie und in der Hilfe durch die Heiligen. Die Aussage der untersten Zone stimmt mit dem sich hier vollziehenden liturgischen Geschehen überein. Christus ruft. Das Evangelienbuch in der Hand des Pantokrator zeigt die Worte: »Kommet her zu mir alle, die ihr mühselig und beladen seid; ich will euch erquicken« (Matthäus 11, 28). Der Weg nach oben, der Aufstieg steht dem Menschen offen. Er beginnt mit dem Hören des Wortes (Evangelisten), der Teilhabe an der Liturgie und führt durch Gebet und Hilfe der Heiligen zur Willenseinung mit Gott. Wie die Gottesmutter der Verkündigung ergibt sich der Mensch in den Willen Gottes. Der Willenseinung folgt die sakramentale Einung im Abendmahl. Die Fürsprache der Heiligen läßt ihn einen gnädigen Richter finden. Im Pantokrator ist die ganze Heilsgeschichte und das Geheimnis Gottes beschlossen. Soweit die Deutung Ouspenskys.

Was im vorangehenden geschildert wurde, ist die größte Entfaltung des Bildbestandes der Ikonostase. Innerhalb des idealen Schemas, so fest gefügt es erscheint, sind doch mannigfache Variationen möglich. Vor allem aber kann das Programm wiederum reduziert werden. An barocken, klassizistischen und späteren Bilderwänden wurde das ursprüngliche Programmschema häufig verunklärt.

Die Ikone

Geschichtliche und theologische Entwicklungen

Die Ikone ist eine der Ostkirche eigentümliche Erscheinung. Ihre Verehrung wurde auf dem 7. Ökumenischen Konzil 787 in *Nizäa* als legitim anerkannt und gefordert. Nun gelten freilich die sieben Ökumenischen Konzile als gemeinsame Glaubensgrundlage der getrennten Kirchen, die auch der Westen (die römisch-katholische und die evangelischen Kirchen) anerkennt. Wenn dennoch die Bilderverehrung in besonderer Weise der Ostkirche zugehört, dann deshalb, weil trotz grundsätzlicher Zustimmung Roms zum Konzilsbeschluß und trotz wundertätiger Gnadenbilder und ähnlicher Erscheinungen im Abendland das Bild in der Ostkirche eine andere Wertigkeit und Bedeutung hat.

In den der Entscheidung des Jahres 787 vorangegangenen und in den nächsten Jahrzehnten auch noch folgenden Kämpfen hatte sich eine ältere bilderfeindliche Haltung gegen die Herstellung und die Verehrung von Bildern gewandt. Die Kämpfe brachten es mit sich, daß der bis dahin gewachsene und geübte Brauch reflektiert und begründet wurde. Von den dazu entwickelten Theorien ist in neuerer Zeit besonders die des *Johannes von Damaskus* von Bedeutung geworden. In ihr sind biblische Argumente des 7. Jahrhunderts mit neuplatonischen Elementen verschmolzen, die von einem Kirchenschriftsteller des frühen 6. Jahrhunderts, *Dionysios Areopagites* oder *Areopagita,* stammen: In einem in Seinsstufen gegliederten Kosmos sind die einzelnen Stufen durch Abbildung aufeinander bezogen. Die niedere Stufe bildet die höhere ab, das Sichtbare ist Abbild des Unsichtbaren. So kann auch die Ikone Abbild höherer, himmlischer Wirklichkeit sein und die in der Herrlichkeit Weilenden, Christus, die Gottesmutter, die Heiligen, wiedergeben. Auch die Ikone ist Gnadenträger und -vermittler, allerdings in einem minderen Maße, da sie innerhalb des Seinsgebäudes auf einer relativ niederen Stufe steht. Da sie als Abbild gilt, ist auch ihr Verehrung zu erweisen. Anbetung allerdings kommt nur dem Urbild, Gott, zu. Die Darstellung des ewigen Logos ist durch die Menschwerdung Christi möglich geworden; Christus selbst ist Abbild (»Ikone«) Gottes: 2. Korinther 4, 4; Kolosser 1, 15; 3, 10; mit einem anderen Begriff, aber sachlich gleich Hebräer 1, 3. So kann auch seine Abbildung mit ganz ähnlichen Worten beschrieben werden: Die Ikone ist überschattet mit der Kraft des Heiligen Geistes.

Der Widerspruch der Bilderfeinde *(Ikonoklásten)* erhob sich vor allem gegen das Christusbild, und so ist auch die Bildtheorie im wesentlichen von dem Nachweis geprägt, daß Gott darstellbar ist, insofern er Mensch wurde. Ikonen von Heiligen werden nur am Rande in die Argumentation einbezogen. Die Tatsache, daß in den Festtagsikonen auch Geschichte, Ereignisse dargestellt sind und nicht in gleicher Weise eine Heiligengestalt dem Betrachter repräsentativ gegenübergestellt wird, findet überhaupt keine Berücksichtigung. Daran wird deutlich, wie nachträglich eine Theorie über ein gewachsenes Brauchtum gelegt wurde, ohne daß sie alle Erscheinungen desselben deckt. Später sollten auch noch hymnische und didaktische Themen Gegenstand der Ikonenmalerei werden.

Die Theorie bezieht sich auf alle Bilder, unabhängig von Größe, Material und Anbringung. Und alle Bilder sind auch nach den gleichen ikonographischen Schemata (Typen) gestaltet. Schlägt man die Akten des 7. Ökumenischen Konzils nach, dann sieht man bald, daß ihre Definitionen sich auf Wandmalereien, Tafelmalereien, bemalte Stoffe und anderes mehr beziehen. So wird etwa als Argument für die Bilder die Geschichte eines Küsters erzählt, der einen Nagel in die Kirchenwand einschlug, um zu einem Fest daran einen schmückenden Vorhang zu befestigen. Er wurde von heftigem Kopfschmerz befallen. Es stellte sich heraus, daß er den Nagel einem (an die Wand gemalten) Heiligen in die Stirn geschlagen hatte. Der Kopfschmerz verließ ihn erst, als der Nagel wieder entfernt war.

Freilich setzte die Verehrung Unterschiede im liturgischen Gebrauch. Dem Pantokrator in der Kuppel der Kirche etwa konnte nicht in gleicher Weise Verehrung erwiesen werden wie demselben Pantokrator auf einer handlichen Tafel. So ist der

Begriff der Ikone vor allem auf die kleineren, erreichbaren Bilder beschränkt worden, die als Metallreliefs, Emailarbeiten oder ähnliches, vor allem aber als Tafelbilder erscheinen. Zu bestimmten Zeiten waren auch Elfenbein-, Steatit- (Speckstein-) und Marmorreliefs beliebt. Die Ikonen im engeren Sinne sind dann schließlich auch durch eine besondere Weihe als solche ausgezeichnet worden.

Für die Anfertigung der Ikonen gibt es auch technische Traditionen, und da die meisten Ikonen Tafelbilder sind, sind es Malanweisungen, die befolgt werden. Doch sollte der Begriff der Ikonenmalerei nicht dazu führen, daß die Ikone von der Malweise her definiert wird. Die liturgische Erscheinung ist umfassender als die kunstgeschichtliche Gattung. Die ältesten gemalten Ikonen sind in enkaustischer Technik (Wachsmalerei) gearbeitet, später setzten sich verschiedene Arten der Temperamalerei durch. Träger der Malerei ist meist ein mit verschiedenen Grundierungen versehenes Holzbrett, dessen mittlere Partie etwas ausgehoben sein kann, so daß ein natürlicher Rahmen entsteht.

Oft wird davon berichtet, wie heiligmäßig lebende Mönche unter Fasten und Beten Ikonen malen. Das ist gewiß das Ideal, doch kann es dort nicht eingehalten werden, wo die Volksfrömmigkeit die Ikone zu einem Artikel des Massenbedarfs werden läßt, der nur durch Serienherstellung gedeckt werden kann. Dann werden Ikonen in Werkstätten angefertigt, die sich von anderen arbeitsteiligen Manufakturen kaum unterscheiden (wie beispielsweise im Rußland des 19. Jahrhunderts). Der Anteil der Handarbeit kann dabei zurückgehen: Nur noch Gesichter und Hände werden serienmäßig gemalt, die übrige Tafel bedeckt ein maschinell gestanztes und geprägtes Blech *(okládá)*, unter dem sich keine oder kaum noch Malerei mehr befindet. Vom Ästhetischen mögen hier Einwände gemacht werden, zur Theorie der Ikone steht solches Verfahren nicht in Widerspruch. Ja, die Abbildlichkeit könnte auch durch eine Fotografie gesichert sein. Das Verhalten in dieser Frage ist nicht einheitlich. In der Mönchswelt des *Athos*, die sich der Flut des Tourismus kaum erwehren kann, sieht man oft das Fotografieren nicht gern, und von mancher Ikone wird behauptet, daß sie sich der Fotografie entziehe: Die Platte bleibe unbelichtet. Andernorts dagegen ist zu beobachten, daß Kunstpostkarten als Tagesikonen ausliegen und von den Gläubigen ebenso ehrfürchtig wie andere Ikonen verehrt werden.

Ikonenfrömmigkeit

Für den Gläubigen ist unbelastet von den Subtilitäten der Theologie die Ikone der Ort, an dem der Heilige ihm begegnet. An sie wendet er sich mit seinen Bitten, von ihr erwartet er die Hilfe des Heiligen, ihr erweist er die dem Heiligen zugedachte Ehre. Die an die Ikone gerichteten Bitten und Zeichen der Verehrung sind allgemein geübter Brauch. Zu den letzteren gehört das Verneigen, das Bekreuzigen, das Anzünden von Kerzen vor der Ikone, das Beräuchern, ihr Berühren und Küssen. Von helfenden Wundern der Ikone wissen unzählige Geschichten zu berichten.

Die Ikone bildet einen bestimmten Heiligen ab. Viele Legenden bestätigen das: Entweder erscheint einem Menschen eine heilige Gestalt (sehr oft die Gottesmutter), die dann anhand der Ikone identifiziert wird. Oder diese Gestalt wird gleich erkannt, weil man sie von der Ikone her kennt.

Seit dem 6. Jahrhundert sind Legenden bekannt, die diese Verbindung verdeutlichen. Die heilige Gestalt wird porträtiert oder hinterläßt auf wunderbare Weise ihr Abbild. Ersteres hat vor allem in der Tradition von dem Madonnenmaler Lukas seinen Niederschlag gefunden. Eine große Zahl von Bildern der Mutter Gottes wird auf Urbilder zurückgeführt, die der Evangelist nach der Natur oder nach der Erinnerung gemalt haben soll. – Die wunderbar entstandenen Bilder heißen *Acheiropoiéten*, »nicht mit Händen Gemachte«. Das bedeutendste ist das Bild, das der Legende nach Christus für den Abgar von Edessa, als dessen Abgesandte den Heiland nicht zu malen vermochten, in die Leinwand drückte. Eine spätere, im Zusammenhang mit einem in Rom aufbewahrten Gnadenbild entstandene Version ist die Veronikalegende, die in der westlichen Kirche große Verbreitung gefunden hat. – Das Christus-Gesicht auf dem Tuch ist bis heute ein außerordentlich beliebtes Ikonenthema. Aber es gibt auch andere Legenden, die von wunderbarer Entstehung verschiedener Art zu berichten wissen.

Weil in der Ikone die abgebildete Person präsent gedacht ist, wird nun auch das Bild wie eine Person handelnd und reagierend erfahren. Wenn die dargestellte Gottesmutter weint, wenn sie oder das Kind tröstend die Hand ausstreckt, dann wirkt hier die heilige Person über ihr Abbild. Häufig ist das auch eine rächend-strafende Reaktion. Verächter bestimmter Ikonen werden von diesen auf mannigfaltige Weise bestraft. Der enge Zusammenhang zwischen Darstellung und Dargestelltem wird in den vielen Legenden zum Ausdruck gebracht, in denen meist die Ikone Christi oder der Gottesmutter, von einem Ungläubigen mit Lanze oder Pfeil durchbohrt, zu bluten beginnt. Oft begibt sich eine Ikone selbst an den Platz, den sie sich erwählt hat. Alle Versuche, sie andernorts anzubringen, bleiben erfolglos. Ikonen, die (meist von Ikonoklasten) ins Wasser geworfen werden, schwimmen aufrecht über die Meere zu einem sicheren Ort.

Andere Legenden bringen weniger das Personale als vielmehr das Wunderbare zum Ausdruck, etwa wenn die Ikonen nach Myron (geweihtem Salböl) duften. Oder Ikonen werden beim Transport übermäßig schwer und können nicht weitergetragen werden.

Von der Ikone, das heißt von dem Heiligen, wird Hilfe erbeten. Hier gibt es wenig Differenzierungen. Immerhin spielen für die Hilfe im Krankheitsfall die heiligen Ärzte (die *anárgyroi* = die kein Geld nehmen) eine gewisse Rolle, etwa *Kósmas und Damián* oder *Panteléimon*, während die Kriegerheiligen militärische Bedeutung haben: (neben dem *Archistrategen* [= »Erzkrieger«] *Michael*) besonders *Georg* und *Demétrios (Dimítri).*

Die Bitte an den Heiligen kann auf einen Zettel geschrieben werden, der hinter den Beschlag gesteckt wird. Die Ikone wird aber auch wie die auf ihr dargestellte Person behandelt. Von der Verehrung war bereits die Rede. Oft werden Kreuzes-, Bilder- und Reliquienverehrung zusammen genannt. Auch die Reliquienverehrung gilt dem Heiligen. Doch erreicht sie im Bereich der Orthodoxie nicht dieselbe Bedeutung wie im Westen. Heiligenleiber brauchen nicht in kleine Partikeln zerteilt zu werden, damit der Heilige an vielen Orten anwesend ist. Ihn macht ja in gleichem Maße die Ikone präsent. Die Kreuzesverehrung ist der Bilderverehrung vorangegangen und hat sich unvermindert neben dieser gehalten.

Auf der Grenze zwischen ehrendem Schmuck und Schutz liegt das Silberblech *(oklad)*, von dessen Verwendung schon die Rede war. Wenn solch ein Beschlag den geringeren Teil der Ikone, etwa nur den Hintergrund, bedeckt, nennt man ihn *Basmá*. Die Beschläge wiederholen in der Prägung oder Stanzung nicht nur die Zeichnung der Ikone, sondern können weitere Ausschmükkungen erhalten: kostbare, mit Perlen und Edelsteinen verzierte Kronen und Brustschilder für den Erlöser oder die Gottesmutter und anderes mehr.

Als Opfergaben wurden den Ikonen auch Münzen dargebracht, die zu ihrem Schmuck benutzt oder sogar in das ikonographische Schema eingefügt wurden, wie bei der »Gottesmutter mit den Kopeken«. Solche fest mit der Ikone verbundenen Münzen erfuhren dann bald legendäre Deutung. Uraltes Brauchtum ist die Opferung von Abbildern kranker Gliedmaßen mit der Bitte um oder als Dank für Heilung. Auf Ikonen hat dies offenbar einen dauernden Niederschlag in der »dreihändigen Mutter Gottes« (griech. *Trichéirusa*, kirchenslaw. *Trojerútschiza)* gefunden. Von Johannes von Damaskus, dem Verteidiger der Bilder, wird erzählt, der Kalif, an dessen Hof er lebte, habe ihm wegen seines Christenglaubens die Hand abhacken lassen. Doch einer von Johannes verehrten Gottesmutter-Ikone sei eine dritte Hand gewachsen und habe ihm die seine wieder angeheilt.

Die Wunder, die von einer Ikone berichtet werden, können ihrerseits wiederum zum eigenen Ikonenthema werden, wie zum Beispiel die Ikone »Kampf der Nowgoroder und der Susdaler« zeigt, die auch »Wunder der Snamenije« heißt. Es ist nur folgerichtig, wenn unter die kleinen Szenen auf dem Ikonenrand, die das Leben und vor allem die Wunder des Heiligen, den sie rahmen, erzählen, auch die von seiner Ikone verrichteten Wunder aufgenommen werden *(Heiliger N. N. mit Vita; Swjatói /imjarék/ s shitijém)*. Es gibt Muttergottesikonen, die anstelle dieser Szenen die von diesem speziellen Ikonentyp vollbrachten Wunder bieten.

Die Ikonen durchdringen alle Lebensbereiche. In früherer Zeit hatten sie auch eine große politische Bedeutung. So spielte die *Mutter Gottes von Wladímir (Bogomáter Wladímirskaja)* – heute in der Tretjakow-Galerie in Moskau – die Rolle eines Palladiums des russischen Volkes. Sowjetische Restauratoren haben mehrere Schichten späterer Übermalung entfernt und die noch erhaltenen Teile der alten byzantinischen Ikone, kaum mehr als die beiden Gesichter, ans Licht gebracht. Von Konstantinopel dürfte sie im 12. Jahrhundert nach Kiew gelangt sein, und fortan wanderte sie mit der Verlegung des Machtzentrums. 1155 übertrug sie Fürst *Andréi Bogoljúbski* nach *Wladímir*, und von ihrem Aufenthalt dort hat sie ihren Namen erhalten. Als im 14. Jahrhundert großfürstliche Residenz und Metropolitensitz nach *Moskau* verlegt wurden, wanderte die Wladimirskaja mit und erhielt nun ihren Platz im zentralen Heiligtum des Moskauer Großfürstentums, in der *Uspenije-Kathedrale* des Moskauer Kreml. Die Wladimirskaja konnte auf einem Schaft befestigt werden. Wahrscheinlich stand sie normalerweise auf einem Gestell, so konnte sie auf Prozessionen und vor allem in der Schlacht mitgeführt werden. Dreimal soll die Wladimirskaja Moskau vor den Tataren gerettet haben: 1408, 1459 und 1480. Als Fürst *Poshárski* an der Spitze der russischen Landwehr 1612 in den eroberten Kreml einzog, begrüßte ihn Erzbischof Arseni mit dieser Ikone, und 1698 beschwor der Patriarch mit ihr *Peter den Großen*, von seinem Zorn auf die Strelizen abzulassen. *Símon Uschaków* hat 1668 die Bedeutung der Gottesmutter von Wladimir in einer besonderen Ikone »Pflanzung des Baums der russischen Herrschaft« gewürdigt (Tretjakow-Galerie). Metropolit *Pjotr* und Großfürst *Iwán Kalitá*, die das Zentrum der geistlichen und weltlichen Macht nach Moskau verlegten, begießen einen Rosenstock, der der Uspenije-Kathedrale des Moskauer Kreml entspringt. Im Rosenstock befinden sich Bildmedaillons der russischen Heiligen, Hierarchen und Fürsten. Sie rahmen die das Bild beherrschende Wladimirskaja. Neben diese treten andere Ikonen. Der *Gottesmutter vom Don (Bogomáter Donskája)* wird vor allem der Sieg über die

Tataren auf dem *Kulikowofeld* am Don im Jahre 1380 zugeschrieben. Doch scheint die von *Feofán Grek* gemalte Donskaja, die jetzt auch in der Tretjakow-Galerie hängt, nicht die ursprüngliche zu sein. Feofans Donskaja hatte ihren Platz in der Verkündigungs-Kathedrale *(Blagowéstschenski sobór)* des Moskauer Kreml. Sie wurde von *Borís Godunów* in die Tatarenschlacht vor Moskau 1591 mitgeführt. Die militärische Funktion solcher Ikonen wird anschaulich auf der Ikone »Kampf der Nowgoroder und der Susdaler« oder »Wunder der Muttergottesikone des Zeichens *(Snámenije)*« geschildert. Um dem Ansturm der Susdaler zu begegnen, die Nowgorod erobern wollen, wird die Muttergottesikone von ihrem Gestell in der Erlöserkirche auf der Handelsseite herabgenommen, in feierlicher Prozession über die Wolchowbrücke auf den Nowgoroder Kreml übertragen und dort auf der Mauer angebracht. Als die Susdaler auf die Ikone schießen, wendet sie sich weinend ab. Dann aber läßt sie ihre Hilfe wirksam werden, indem die Nowgoroder mit himmlischem Beistand die Susdaler besiegen können. Der Typus der »Muttergottes des Zeichens« hatte den Beinamen *»Unzerstörbare Mauer« (Neruschimaja stená)*, und bereits das Urbild in der Blachernenkirche zu Konstantinopel hatte eine solche Schutzfunktion für die Stadt.

Daß die Ikone auch sonst im öffentlichen Leben eine große Rolle spielte, braucht nicht hervorgehoben zu werden. So hatte sie allenthalben auch ihren Platz in der Öffentlichkeit. Besonders erwähnt zu werden verdienen die *Brunnen-Ikonen.* Aus dem 11. bis 12. Jahrhundert ist eine Reihe großer byzantinischer Marmorreliefs erhalten, die die mit erhobenen Armen betende Gottesmutter darstellen. Hände und Füße sind durchbohrt. Durch sie floß einst Wasser in ein Brunnenbecken, und die Monumentalikone teilte ihre Kraft dem Wasser mit. Aber auch heute sind besonders auf dem Balkan allenthalben Brunnen mit Ikonen versehen. Im Kloster *Sîmbăta* in Rumänien zum Beispiel befindet sich eine Quelle, die mit einer Ikone »Gottesmutter – Quelle des Heils (der Genesung)« verbunden ist. Besonders zum Festtag der Ikone strömen die Pilger zusammen, um das heilkräftige Wasser zu genießen. – Ein weiterer bevorzugter Platz für Ikonen sind Türeingänge.

Ikonen gehören auch in das christliche Haus. Früher hatte jedes russische Haus seine Ikonen-Ecke, die *»Schöne«* oder *»Rote Ecke« (Krásny úgol)* heißt. Hier sind die Heiligen in ihren Ikonen versammelt, hier ist der Mittelpunkt der häuslichen Frömmigkeit. Festikonen, die um eine mittlere *Anástasis* (Auferstehung) die übrigen Hauptfeste des Jahres gruppieren, machen diese präsent. Geradezu Kalenderfunktion haben dann die sogenannten *Monats-* oder *Kalender-Ikonen.* In mehreren Reihen sind kleinteilig die Darstellungen der Heiligen und Feste eines Monats angeordnet.

Eine enge Verbindung zwischen einem Menschen und seinem Namensheiligen stellten die *Maßikonen* her. Bei der Geburt wird die Ikone des Patrons (des Namensheiligen) angefertigt, für deren Höhe die Größe des Kindes das Maß abgibt. Diese Ikone begleitet den Menschen bis an sein Lebensende und wird nach seinem Tode in den Sarg mitgegeben. Die Angehörigen verabschieden sich von ihm, indem sie seine Maßikone küssen. – Im Kloster *Antim* in Bukarest hängt eine vom heiligen Antim, Metropoliten und Maler, hergestellte Ikone, die drei Heilige vereint: die Tagesheiligen von drei Daten, die im Leben Antims von Bedeutung waren.

Eine kleine Ikone in Form einer Metallprägung kann auch als Medaillon getragen werden und begleitet so schützend ihren Träger. Darüber hinaus gab es speziell für die Reise hergerichtete Ikonen. Bereits eine Ikone des 6.–7. Jahrhunderts vom Sinai ist mit einer Rille versehen, die erlaubte, die Ikone im Reisegepäck mit einem schützenden Schiebedeckel zu versehen. In Rußland gab es (auch zusammenklappbare) Reise-Ikonostasen, die es auch dem im Ausland Reisenden ermöglichten, die russische Bilderwand mit ihren Heiligen präsent zu haben. Kleine Bronzetriptychen (drei aneinandergereihte Bilder) dienten einem ähnlichen Zweck.

Die Ikone als Teil der Kirchenausstattung

Einen weiten Raum nimmt die Ikone in der Kirche ein. Von »Bildprogrammen« war bereits die Rede. Deren Bilder treten dort vor allem als Ikonen in Erscheinung, wo sie unmittelbar der Verehrung durch die Gläubigen ausgesetzt sind. Das trifft besonders auf die unterste Zone der Bilderwand, den Verehrungsrang, zu. Sind die Bilder hier schlecht erreichbar oder sollen sie aus musealen Gründen (wegen ihres historischen Wertes) geschont werden, dann können darunter angebrachte kleinere Ikonen der gleichen Heiligen *(tablétki)* die Verehrung: Kuß und Berührung mit Händen und Stirn, empfangen. In der Kathedrale von *Sibiu* (Rumänien), die aus dem Anfang des 20. Jahrhunderts stammt, dienen Fotos der großen Ikonen diesem Zweck.

Zum liturgischen Inventar gehört das bereits erwähnte *Analógion (analói, nalói)* oder *Proskynetárion*, ein Pult, auf dem die Tagesikone ausliegt. Ein gleiches Pult wird auch zur Verlesung des Evangeliums in den Kirchenraum getragen.

Aber auch sonst befindet sich in der Kirche eine Fülle von Ikonen, die der unmittelbaren Verehrung dienen. – Fester Bestandteil der bischöflichen Kleidung ist die *Panhagía* (»Allheilige«), eine kostbar gefaßte kleine Muttergottesikone, die als Medaillon oder *Enkólpion* an einer Kette vor der Brust getragen wird.

Ikonentypen

Ursprünglich wurden unreflektiert Bilder eines Heiligen gemalt, wobei meist der beigeschriebene Name die Identität sicherte. Doch bildeten sich sehr bald Typen heraus. Im Laufe der Jahrhunderte wurden die Typen immer strenger gefaßt. Im 16. Jahrhundert schließlich kam es zu Kodifizierungen, nachdem jahrhundertelang bereits feste Typen kopiert wurden. Jetzt tauchen *Musterbücher (pódlinniki)* auf, die mehr sind als Aufzeichnungen von Handwerkern, die bestimmte Werkstatttraditionen, bewährte Schemata und Rezepte enthalten. Vielmehr schreiben sie die kirchlich anerkannte Ikonographie vor. Hinter solcher

Festlegung des ikonographischen Kanons (hier: Sammlung von Regeln) steht die Auffassung, daß der Heilige nur in seinem Bilde gegenwärtig sein kann, wenn dieses wirklich sein Abbild ist. Daher kann es nicht im Belieben eines Künstlers liegen, einen Heiligen so oder anders darzustellen. Vielmehr ist die Identität mit dem Urbild nur dann gesichert, wenn immer wieder die vorhandenen Ikonen treu kopiert werden. Das Ergebnis sind feste Schemata, in denen nun nicht nur die Porträtzüge und individuellen Besonderheiten der Gestalt festgehalten sind, sondern auch die Art ihrer Projektion auf die Bildfläche, die Haltung von Kopf, Körper, Gliedmaßen. Die Art des Gewandes, der Fall seiner Falten, aber auch alles Beiwerk sind vorgeschrieben. Vergleicht man die um 1410 von *Andréi Rubljów* gemalte Ikone der alttestamentlichen Trinität in der Moskauer Tretjakow-Galerie mit der 1671 von *Uschaków* gemalten Ikone gleichen Themas im Staatlichen Russischen Museum in Leningrad, so wird man zwar zunächst einen großen stilistischen Unterschied bemerken, dann aber feststellen, daß die drei Gestalten in Kopf-, Hand-, Fußhaltung, in der Anlage der Gewänder, daß Tisch, Bänke und Fußbänke, Haus, Baum und Felsen im Hintergrund die gleiche Gestalt und Anordnung zeigen.

Auch hier decken sich Theorie und Erscheinung nicht. Wenn es nur um die Identität der heiligen Gestalten geht, dann brauchte nicht alles Beiwerk, auch nicht ein bestimmtes Schema zur Darstellung der heiligen Geschichte, festgelegt zu werden. Wie sehr nun auch die heiligen Gestalten in Typen unterteilt sein können, zeigen das Christus- und das Marienbild. Die verschiedenen Christusbilder haben meist unterschiedliche theologische Bedeutung: der Pantokrator, der kindhafte Immanuel, der Hohepriester, die Weisheit Gottes *(Sophía)*, der Erlöser »nichtschlafendes Auge« (nach Psalm 121, 4 f.) und andere mehr. Entsprechend ihrer Bedeutung in der volkstümlichen Verehrung hat die Ikone der Gottesmutter noch vielfältigere Ausformung erfahren. Es gibt nicht nur – neben anderen – die drei Haupttypen der mit erhobenen Armen betenden Gottesmutter, mit oder ohne Kind vor der Brust, der *Hodigitria* mit dem lehrenden Christuskind auf dem Arm und der Gottesmutter der »Rührung« (griech. *Glykophilúsa*, kirchenslaw. *Umilénije*), die vom

Gottesmutterikonen: Gottesmutter der Passion
und Gottesmutter Hodigitria

Kind auf dem Arm geherzt wird. Vielmehr sind die beiden letztgenannten Typen wiederum in sich vielfältig aufgespalten. So gehören unter anderem dem Grundtyp der Gottesmutter Umilenije die Wladimirskaja, die Donskaja, die Korsunskaja, die Tolgskaja; dem Grundtyp der Hodigitria die Smolenskaja, die Tichwinskaja, die Grusinskaja. Sie unterscheiden sich jeweils nur ganz geringfügig in Hand- und Fußhaltungen, Faltenschema und ähnlichem. Dennoch wird beim Kopieren streng auf diese Unterschiede geachtet, und es entsteht nun eben nicht nur eine Gottesmutter oder eine Gottesmutter Umilenije, sondern diese in einer speziellen Gestalt. Konnte man den Grundtypen noch einen verschiedenen Aussagegehalt zumessen, so bezieht sich die weitere Aufspaltung auf örtliche Ausprägungen, die in dieser Gestalt altverehrt waren und sich als wirksam erwiesen hatten.

Wie durch das Kopieren die Kraft einer Ikone – oder vielmehr des auf ihr dargestellten Heiligen – auf das neuerliche Abbild übergeht, möge das Beispiel der *Portaitíssa* vom Kloster *Ivirón* auf dem Athos veranschaulichen. Diese Muttergottesikone hat den Namen von ihrem Platz in der Pförtnerloge des Klosters erhalten. Begründet wird dieser Ort mit einem Wunder, das oft von Ikonen berichtet wird: sie habe sich ihren Platz selbst gewählt. Alle Versuche, ihr einen würdigeren Platz zu verschaffen, hätten damit geendet, daß sich die Ikone am nächsten Morgen wieder in der Pförtnerloge befand. Diese Ikone war wegen ihrer Wundertätigkeit berühmt, und so erbat sie sich Zar *Alexéi Michàilowitsch* in der Mitte des 17. Jahrhunderts, als seine Tochter schwer erkrankt war. Die Mönche wollten sich jedoch von ihrer Ikone nicht trennen, und so wurde eine genaue Kopie angefertigt. Nachdem diese dem Mädchen auf die Brust gelegt und es geheilt worden war, erhielt die Ikone einen Ehrenplatz in der »Kapelle der iberischen Gottesmutter« *(Íwerskaja Bogomáter,* von *Ivirón),* die am oberen Ende des Roten Platzes in Moskau stand. Auch hier ist es wiederum zu einer Kopie gekommen.

Unter den strengen Prinzipien des Kopierens müßte der Bilderschatz seit vielen Jahrhunderten gleichgeblieben sein. Und in der Tat ist es erstaunlich, wie die ikonographischen Schemata über die Zeiten hinweg unverändert erscheinen. Dennoch hat es Entwicklungen gegeben; dennoch sind neue Ikonentypen entstanden. Dafür gibt es verschiedene Ursachen. So kann die heilige Gestalt in neuer Weise dargestellt werden, wenn sie es selbst kundtut. Wenn sie also etwa einem Ikonenmaler in einer Traumvision erscheint, dann kann er das Geschaute in einer Ikone festhalten. Oder aber die Ikone eines Heiligen wird auf wunderbare Weise aufgefunden. Viele Legenden wissen zu berichten, wie die heilige Gestalt – etwa die Gottesmutter – einem Menschen erscheint, ihm sagt, wo ihre Ikone verborgen ist, und wie nach oft mühseligem Suchen diese dann – ist sie wunderbar entstanden? – gefunden wird. Daneben ist es natürlich, daß bei jahrhundertelangem Kopieren sich kleine Abweichungen einstellen, mit denen versehen dann ein Heiliger als neuer Typ weiter kopiert wird. Zwei Beispiele seien hier genannt: Eine Unregelmäßigkeit in der Pupillenwiedergabe beim Pantokrator verlieh diesem einen strengen Ausdruck und führte so zur Ikone *Spas Jároje óko* = der »Erlöser mit dem grimmigen Auge«. Volkstümlicher Humor floß bei der Benennung einer Variante

Christusikonen: Erlöser »mit dem nassen Bart«
und Erlöser »mit dem grimmigen Auge«

des »Spas nerukotwórny«, des »nicht von Händen gemachten« Christusbildes ein. Hier haben die Strähnen des Haupt- und Barthaars eine solche Glätte, daß sie wie naß wirken, und die Ikone heißt daher »Erlöser mit dem nassen Bart« *(Spas Mókraja borodá)*. Neben diesen Zufälligkeiten bei der Entstehung neuer Typen gibt es auch Veränderungen, die direkt von der geschichtlichen Entwicklung abhängig sind. Diese sind vor allem stilistischer Natur.

Stilprobleme in der Ikonenmalerei

Die Stilprinzipien, nach denen die frühen Ikonen gemalt sind, haben sich Jahrhunderte hindurch nicht verändert. Ziel ist es nicht, etwas abzubilden, was so, wie es dargestellt ist, gesehen wurde oder doch so hätte gesehen worden sein können; es wird kein illusionistisches Bild der Wirklichkeit angestrebt. Vielmehr geht es darum, eine denkerisch zu Begriffen verarbeitete Wirklichkeit so wiederzugeben, daß auch nicht sichtbare Qualitäten und Bedeutungen ausgedrückt werden. Und auch das Sichtbare wird zur bedeutungsträchtigen Formel. Da nicht dreidimensionale Wirklichkeit zur Abbildung gelangt, fehlt den Ikonen Raumtiefe. Ihr Raum wird nicht illusionistisch mit Hilfe perspektivischer Konstruktion hinter der Bildfläche zur Entfaltung gebracht, vielmehr entfaltet er sich zwischen Bildfläche und Betrachter. Parallelen werden nicht so abgebildet, daß sie sich in einem Fluchtpunkt *hinter* der Bildfläche treffen, vielmehr liegt der Fluchtpunkt *vor* der Bildfläche. Die Gestalten sind nicht im Bildraum mit sich selbst beschäftigt; sie schauen aus dem Bild heraus auf den Betrachter. Nur selten begegnen Köpfe in reinem Profil, Ansichten von hinten kommen gar nicht vor. Andeutungen plastischer Gestaltung mit Hilfe von Licht-Schatten-Modellierung entstammen einem ererbten Formelrepertoire und nicht der Beobachtung. Falten sind nichts Plastisches, sondern graphische Gliederungsschemata, was besonders am *Assist*, dem Goldgespinst, das oft das Gewand des Christuskindes überzieht, deutlich wird. So gibt es im Bild auch keine Quelle natürlichen Lichts. Licht ist vielmehr eine übernatürliche Qualität, die die Heiligen ausstrahlen, was der goldene Nimbus hinter dem Kopfe andeutet, oder die überhaupt als Goldhintergrund den himmlischen Raum anzeigt, in dem sich die Heiligen befinden. Auch Oben und Unten sind theologisch qualifiziert. Oben erscheint, meist noch einmal in einer himmlischen *Sphaira*, Christus oder die helfende Gotteshand (verschiedene Himmelssymbole können unabgeklärt nebeneinanderstehen, wie überhaupt diese Symbole zusammengefügt werden, ohne daß dahinter streng logische Systematik stünde). Auch entsprechen die Größenverhältnisse nicht den natürlichen Proportionen. Vielmehr wird den Prinzipien der Bedeutungsperspektive gemäß das Wichtigere größer, das weniger Wichtige kleiner dargestellt. So haben die Gestalten oft unverhältnismäßig große Köpfe. Die würdigste Person, etwa die Gottesmutter, überragt andere auf der gleichen Ikone dargestellte Heilige.

Es ist ohne weiteres einsichtig, daß die eben erwähnte Tendenz, Symbole in der Fläche anzuordnen, und die mangelnde Intention, dreidimensionale Wirklichkeit abzubilden, plastischen Gestaltungen nicht günstig waren. Und in der Tat handelt es sich bei den wenigen Plastiken, die anzutreffen sind (darunter besonders nordrussische Holzplastiken), um flache Reliefs, bei denen ebenfalls die flächige Gestaltung bestimmend ist. Ein wirkliches Raum- und Körpergefühl kommt in ihnen nicht zum Ausdruck.

Jahrhundertelang haben diese Stilprinzipien die bildende Kunst beherrscht, und auch ihre Ablösung hat sich über Jahrhunderte hingezogen. Wie im Westen Europas drängte auch im Osten die Entwicklung zu einer neuen Hinwendung zur Natur, die in der Kunst die Wiedergabe der Sichtwelt bis hin zum Naturalismus forderte. Während jedoch im Westen auch die religiöse Kunst dieser Forderung entsprach, verhinderte in der Ostkirche die theologisch begründete Abbildtheorie eine gleiche Entwicklung, und die weitere Geschichte ist durch ein kompliziertes Gegeneinander symbolhafter und naturalistischer Tendenzen gekennzeichnet. Ansätze zur Naturnähe, zur plastischen Formung der Gestalten durch Licht- und Schattengebung werden in der balkanischen Malerei des 13. Jahrhunderts sichtbar, in Mileševa, Sopoćani (Jugoslawien) und Bojana (Bulgarien). Nach dem Ende der Lateinerherrschaft in Konstantinopel 1261 ist dieser Stil dort weiterentwickelt worden, wie die Anfang des 14. Jahrhunderts ausgemalte *Chóra-Kirche* zeigt. Hier kommt die Angleichung des Bildraums an den Sichtraum durch die Hereinnahme perspektivischer Elemente, durch Überschneidungen, Rückwendung von Figuren und anderes hinzu; weiterhin die Dramatisierung durch expressionistisch wirkende Schlaglichter, die natürliche Lichtquellen voraussetzen. Dieser Stil ist im späten 14. Jahrhundert durch *Feofán Grek (Theóphanes den Griechen)* und andere nach Rußland vermittelt worden.

Eine andere Entwicklung geht parallel. Neue Ikonenthemen entstehen aus der Verbildlichung von Hymnen und didaktischen Stoffen. Durch diese Art der Illustrierung wird der Zweck der Ikone von der Repräsentation des Heiligen zur Information über Dogma und Glauben verschoben. So entstehen im 15. und 16. Jahrhundert Ikonentypen wie *»Über dich freuet sich jedes Geschöpf« (O tebé rádujetsja)* nach einem Gottesmutterhymnus und *»Eingeborener Sohn« (Jedinoródny Sýne).* Jüngeren Datums ist die Darstellung der Zehn Gebote in Ikonenform.

All diese Neuerungen sind auf Widerstand gestoßen. Die

naturalistischen Tendenzen hat auch die Hauptgestalt unter den Begründern des *Altgläubigentums (staroobrjádtschestwo)*, der Protopop *Awwakúm Petrów*, der 1682 verbrannt wurde, verurteilt: »Gott hat es zugelassen, daß sich jetzt in Rußland eine unziemliche Art der Ikonenmalerei breit macht. So malt man jetzt die Erlöser-Ikone des Immanuel: das Gesicht aufgedunsen, die Lippen rot, das Haar (schön) gelockt, Hände und Muskeln dick, die Finger schwellend, auch die Schenkel an den Beinen dick, ganz wie ein Deutscher, dickbäuchig und verfettet, nur daß kein Säbel an seiner Hüfte gemalt ist. Das alles hat der Erzfeind Nikon erfunden, daß man nach lebenden Menschen die Ikonen malen müsse. Die alten Ikonenmaler haben nicht so die Heiligen gemalt.« Besonders die Plastizität der Gestalten wird hier als »Dicke« verurteilt. Der Angegriffene ist der Patriarch *Nikon*, der große Reformer der russischen Kirche im 17. Jahrhundert. Aber auch er hat Ikonen, die unter westlichem Einfluß gemalt worden waren, vernichtet und alle, die solche aufbewahrten oder malten, mit dem Bann belegt. Einige Jahrzehnte später hat Patriarch *Ioakim* es als seinen letzten Willen verfügt, »daß vorgeschrieben werde, die Ikonen des Gottmenschen, der heiligsten Gottesmutter und aller Heiligen nach alten Vorbildern zu malen«. Doch offenbar lag das Problem tiefer und war weder durch Verfügungen noch durch Kodifizierungen in Musterbüchern (den *pódlinniki*) zu lösen. Die allgemeine Kulturentwicklung schritt fort und übte ihren Einfluß auch auf die Kirche aus. Das Nikonsche Reformwerk hat dem Rechnung zu tragen versucht. In diesem Zusammenhang scheint das unmittelbare Bildverständnis einen Schwund erfahren zu haben, der sich auch im Aufkommen didaktischer Themen spiegelt. Und anscheinend entspricht dem auch die im 16. Jahrhundert aufkommende Ikonen*weihe*: Die Heiligkeit, die die Ikone als Abbild eines Heiligen in sich hat, genügt nicht mehr; sie wird durch eine besondere Weihe ergänzt.

Bis heute ringen in der Ikonenmalerei die verschiedenen Tendenzen, Ausdruck in einer Zeichensprache einerseits und natürliche Verlebendigung andererseits, miteinander. Konservativ zeigten sich vor allem die *Stroganow*-Schule und die Malerei von *Palech*, während die *Zarenschule* und besonders *Uschakow* sich dem Neuen gegenüber stärker aufgeschlossen zeigten. Den radikalsten Bruch mit der Tradition vollzog die russische religiöse Malerei des 19. Jahrhunderts, indem sie westeuropäische Stilelemente und Ausdrucksformen in die Malerei, auch die Ikonenmalerei, einführte.

Die Frage, wie heutzutage Ikonen gemalt werden müssen, ist nicht eindeutig zu beantworten. In der Sagorsker Werkstatt wird im Stile *Rubljóws* gemalt, in *Pskow* »modern«, das heißt im Stil des 19. Jahrhunderts. Ähnlich verhält es sich in den anderen orthodoxen Kirchen.

Im allgemeinen wirkt die Ikone, wie anderes in der Kirche auch, altertümlich und weltfremd. Erfährt dies eine Begründung, dann mit dem Hinweis darauf, daß die Kirche ein sich von der Welt unterscheidendes Wesen habe, das auf diese Weise zum Ausdruck gebracht werde. Auch habe die Kirche mit unvergänglichen Wahrheiten zu tun, die keiner Entwicklung unterlägen. Also brauche sich die Abbildung dieser Wahrheiten auf der Ikone auch nicht zu verändern. Solches Denken mag auch unabgeklärt hinter der geübten, aber unreflektierten Ikonenfrömmigkeit stehen. Denn für den orthodoxen Gläubigen ist und bleibt die Ikone, unabhängig von jeder kunst- oder kulturhistorischen Würdigung, von ästhetischen Urteilen oder dergleichen, das Bild, das *Abbild* des Heiligen (Neutrum), das es ihm präsent macht, re-präsentiert, und bei dem er Schutz, Hilfe und Trost erfährt und das daher Verehrung zu beanspruchen hat.

Brauchtum und christliche Sitte in der Orthodoxie

Orthodoxe Frömmigkeit im heutigen gesellschaftlichen Umfeld

Orthodoxes Brauchtum, die damit zusammenhängenden oder es begründenden Riten sowie christliche Sitte orthodoxer Christen zu beschreiben ist heute naturgemäß schwieriger als in der Vergangenheit. Das liegt nicht nur an der Vielschichtigkeit dieses – wie jedes – Brauchtums, wo lokale und universale Traditionen zusammenfließen, wo Vorchristliches und Folkloristisches sich mit christlichen Verhaltensmustern mischen. Das liegt vor allem daran, daß in einer Reihe von Ländern mit orthodoxer Bevölkerung, vor allem in der Sowjetunion, aber auch in den Balkanländern einschließlich Griechenlands, wie in anderen Industriestaaten auch die Säkularisierung so weit fortgeschritten ist, daß Handlungen, Symbole, Gesten, Verhaltensweisen religiösen Charakters oder wenigstens religiösen Hintergrunds aus der Öffentlichkeit weithin verschwunden sind oder verbannt wurden. Infolgedessen werden diese Handlungen, Symbole, Gesten und so weiter von einem Teil der Bevölkerung, vielleicht sogar der Mehrheit, als Ausdruck religiösen Glaubens entweder nicht mehr verstanden oder sogar abgelehnt, sind sie gegebenenfalls sogar verboten. Auf alle Fälle aber sind im Bereich mancher orthodoxer Kirchen die Bemühungen, in der gesellschaftlichen Öffentlichkeit aufklärerisch-säkulare Ideen zu popularisieren, älter als unser Jahrhundert.

Abgesehen von noch verhältnismäßig »geschlossenen« Bevölkerungsgruppen wie etwa den Altgläubigen in der Sowjetunion oder in abgeschiedenen ländlichen Siedlungsgebieten kann man sagen, daß christlich-orthodoxes Brauchtum sich heute dort noch am ausgeprägtesten findet, wo es in seinen Grundformen vermittelt wird, nämlich in den gottesdienstlich-liturgischen Feiern. Damit ist auch hier nicht nur der zentrale eucharistische Gottesdienst, die »Göttliche Liturgie«, gemeint, sondern auch die Gottesdienste, die mit den großen Einschnitten im Leben eines Christen verbunden sind: Taufe, Trauung, Bestattung. Aber ebenso wichtig und wohl noch stärker im Blickfeld der Öffentlichkeit sind die Bräuche, die mit großen kirchlichen Feiertagen, mit den verschiedenen Christus-, Gottesmutter- und Heiligenfesten, einhergehen. Diese Feste, an erster Stelle das Osterfest, durchdringen auch heute in bemerkenswerter Weise das private und familiäre Leben mit bestimmten Bräuchen, zum Beispiel mit Fasten- und Speisevorschriften. Natürlich leben diese Bräuche kräftig und in reiner Form in orthodoxen Klöstern, in geistlichen Akademien und Seminaren ebenso wie in bischöflichen und priesterlichen Haushaltungen weiter. Gerade hier wird aber besonders deutlich, wie sehr orthodoxes Brauchtum vom gottesdienstlichen Leben her gespeist und motiviert wird.

Im folgenden soll daher in einem ersten Teil versucht werden, in der gebotenen Kürze das zu schildern, was dem Nichtorthodoxen an lebendiger gemeindlicher und familiärer Sitte in der Ostkirche auffällt. In einem zweiten Teil sollen dann die gottesdienstlich-liturgischen »Zentren« näher betrachtet werden, mit denen diese Bräuche verbunden sind. Das betrifft vor allem die Ordnungen der orthodoxen *Sakramente*.

Christliches Brauchtum im Leben des orthodoxen Christen

Besonders die aktive Beteiligung an der *Liturgie* prägt in starker Weise die Verhaltensnormen des orthodoxen Christen in seinem alltäglichen Leben. Die Einübung solcher den Glauben ausdrückenden – und damit auch bekennenden – Handlungen wie die Verehrung der Ikonen, das Anzünden von Kerzen in der Kirche, das inbrünstige Gebet, die Beteiligung am Chor- und Gemeindegesang, die Metanien (Kniefälle), das Bekreuzigen und anderes geschieht vor allem während oder im Zusammenhang mit der Liturgie. Dabei ist die unlösliche Verbindung dieser scheinbar äußerlichen Vorgänge mit fundamentalen Glaubensaussagen, die durch die Liturgie vermittelt werden, offenkundig. So sprechen die Ikonen, etwa die auf dem Pult ausgelegten Festtagsikonen, eine deutliche bildhafte Sprache und verkündigen oft den entsprechenden Evangelienabschnitt. So wird derjenige, der sich intensiv und aufmerksam am Chorgesang und Gemeindegebet beteiligt, sowohl in die Grundaussagen christlichen Glaubens (Glaubensbekenntnis, Vaterunser) eingeführt als auch mit einer ganz spezifischen orthodoxen Theologie bekannt gemacht, nämlich der Theologie der gottesdienstlichen Hymnen, an denen die Ostkirche einen ganzen Schatz besitzt. Diese Hymnen gewinnen durch die Einfügung von refrainartigen Versen einen für die Gemeinde einprägsamen Charakter. Es ist kein Zufall, daß einer der berühmtesten östlichen Theologen, *Johannes von Damaskus*, auch ein Dichter berühmter kirchlicher Gesänge war. So stammt der im Ostergottesdienst gesungene »Goldene Kanon« (siehe Seite 68) von diesem Theologen. Die Beteiligung der Gemeindeglieder an den Gesängen hat besonders in der russischen Kirche in den letzten Jahrzehnten deutlich zugenommen, und das nicht nur in der Göttlichen Liturgie, sondern auch in den verschiedenen Gebetsgottesdiensten (*molében* = Gebetsgottesdienst aus besonderem oder allgemeinem Anlaß). Eindrucksvoll ist es, die Anteilnahme von großen Gemeinden, etwa in den Kirchen Moskaus oder Leningrads, am *Akáthistos*-Hymnus zu beobachten. Obwohl dieser theologisch und poetisch sublime Hymnus über eine halbe Stunde in Anspruch nimmt, sind es nicht wenige Gemeindeglieder, die den Text andächtig und teilweise auswendig mitrezitieren. Aber nicht nur zu den festgelegten Gebetsgottesdiensten versammelt sich die Gemeinde, sondern einzelne Christen und ganze Familien kommen auch außerhalb der Gottesdienstzeiten während der Woche in die Kirche, damit der Priester mit ihnen gemeinsam Gebete aus verschiedenen Anlässen verrichtet. Überhaupt herrscht in den orthodoxen Kirchen den ganzen Tag über ein reges Kommen und Gehen. Dabei ist zu beobachten, daß das Bekreuzigen seinen festen Sitz im kirchlich-liturgischen Raum hat. Sowohl beim Betreten und Verlassen der Kirche als auch beim Gebet vor der Ikone und häufig während der Liturgie, etwa bei Nennung der Heiligen Dreieinigkeit *(tróiza)* in den Doxologien (Lobpreisungen) wird das Kreuz geschlagen.

Das Bekreuzigen wird so ausgeführt, daß die drei ersten Finger der rechten Hand einschließlich des Daumens zusammengefügt, die beiden übrigen gegen die innere Handfläche gebeugt werden. In dieser Haltung wird die rechte Hand zuerst zur Stirn, dann zur Brust etwa in der Magengegend, dann zur rechten Schulter und zuletzt zur linken Schulter geführt: Die drei zusammengelegten Finger symbolisieren dabei die Dreieinigkeit Gottes. Die *Altgläubigen* oder *Altritualisten* haben die Sitte des »Zweifingerkreuzes« beibehalten, bei der nur Zeige- und Mittelfinger zusammengefügt werden, der Daumen aber zu den beiden letzten hinübergelegt wird. Das Zweifingerkreuz symbolisiert die zwei Naturen Christi, seine wahre Gottheit und wahre Menschheit.

Häufig kann man in den Kirchen sehen, wie Mütter bereits ihre kleinen Kinder das Kreuzschlagen vor der Ikone lehren, indem sie ihnen die Hände führen. Schon seit frühester Zeit aber ist das Bekreuzigen auch ein außerhalb der Liturgie, in allen Lebenssituationen, geübter Brauch der Christen gewesen, wobei das Kreuz *apotropäisch*, zur Abwehr böser Mächte, verstanden wurde. Bei der Häufigkeit des Kreuzschlagens bleibt natürlich die Gefahr einer Veräußerlichung und Entleerung des christlichen Sinngehalts nicht aus. Gerade aber durch diese Loslösung von seinem Sinngehalt ist es erklärlich, daß das Kreuzschlagen als Gestus auch in einer säkularisierten Umgebung nicht selten begegnet.

Die verschiedenen Arten, das Kreuz zu schlagen, haben in der russischen Kirchengeschichte in Zusammenhang mit anderen kirchenpolitischen und theologischen Differenzen zu einer der schwersten Spaltungen, dem schon erwähnten *Schisma (Raskól)*, zwischen Patriarchatskirche und Altgläubigentum geführt. Das macht deutlich, welche Bedeutung solche Bräuche trotz oder vielleicht auch wegen ihrer Alltäglichkeit für das Glaubensleben der orthodoxen Christen haben. Sie sind also nicht lediglich als reine Äußerlichkeiten und rituelle Erstarrung abzutun, wie das in der Vergangenheit gelegentlich auf protestantischer Seite getan wurde. Zudem haben diese Bräuche in der heutigen säkularisierten Gesellschaft nicht mehr ihren früheren allgemeingültigen Charakter an sich, stellen also weniger ein unauffälliges Allgemeines als vielmehr eine Art Bekenntnisakt dar. Ähnliches gilt auch von dem kleinen Kreuz, das der orthodoxe Christ bei der Taufe bekommt und dann lebenslang an einem Kettchen auf der Brust trägt *(natélny krest)*. Natürlich drohen aber auch hier wie überall bei Symbolen die Gefahren der Unkenntnis und Vieldeutigkeit, ja des Aberglaubens und Mißbrauchs.

Dort, wo aufgrund staatlicher Gesetzgebung kein Religionsunterricht in Art einer institutionellen Gruppenunterweisung von Kindern und Jugendlichen unter 18 Jahren stattfindet, sind die Glaubensbelehrungen, die aus Liturgie, Ikonen und den dazugehörigen Predigten fließen, von besonderer Wichtigkeit. Andererseits besteht die Gefahr, daß christliches Leben sich nur in traditionellem Brauchtum erschöpft (*»obrjádnaja wéra«* = etwa »durch Riten vollzogener Glaube«). Die Durchdringung und das christliche Verständnis dieser Bräuche und Symbole wird durch das gottesdienstliche Leben ermöglicht.

Betrachten wir das äußere Bild, das sich einem Besucher zum Beispiel in einer Gemeinde des Moskauer Patriarchats in der Sowjetunion bietet, so dominieren unter den Gottesdienstteilnehmern zumeist die älteren Frauen mit ihren weißen Kopftüchern und der schwarzen oder dunkelgrauen Kleidung. Diese *»bogomólki«* (Beterinnen) spielen bei der Vermittlung von orthodoxer Gläubigkeit und Sitte zwischen gottesdienstlichem und häuslich-privatem Leben eine wichtige Rolle. Bereits am kirchlichen Leben beteiligen sich diese Frauen meistens sehr aktiv, ja sie nehmen im Gottesdienst oft eine Art Kontrollfunktion wahr, indem sie etwa auf das disziplinierte Benehmen der jüngeren Gottesdienstbesucher besonders achten. Schon wer als Außenstehender ohne Kenntnis der Bedeutung gottesdienstlicher Gestik zum Beispiel die Hände unbewußt auf dem Rücken zusammenlegt, muß mit einer leisen Rüge rechnen, denn diese

Haltung gilt als Ausdruck der Unehrerbietigkeit dem Heiligen gegenüber. Betrachtet man weiter die aktive Rolle der Frauen im Frömmigkeitsleben, so fällt auf, daß es nicht selten die Großmutter ist, die sich bei ihrer Familie den *»krásny úgol«*, die »Schöne Ecke« mit der Ikone oder den Ikonen und dem davor brennenden Lämpchen einrichtet, also die Ikonenverehrung auch im privaten Bereich pflegt. Oft bringt auch die Großmutter oder eine andere *»bába«* das Neugeborene am achten Tage in die Kirche zum Priester oder zur Taufe. Sie bringt auch den »Segen« für die Familienmitglieder mit, die nicht am Gottesdienst teilgenommen haben. Dieser »Segen«, der die Verbindung zur Gemeinde herstellt, wird in Gestalt des *Antidoron* (siehe Seite 55) mitgebracht. (Das griechische Wort bedeutet [Gegen-]Geschenk.) Für denjenigen, der dem Gemeindegottesdienst fernbleiben will oder muß, ist dieses Antidoron ein wichtiges und gern angenommenes Mittel, die Verbundenheit mit der Gemeinde auszudrücken. Ebenso lassen sich innerhalb einer säkularisierten Gesellschaft kirchliche Handlungen und Bräuche gelegentlich in einer reduzierten oder einer Ersatzform beobachten. So sendet man etwa, wenn man sich nicht persönlich in der Kirche trauen lassen will, dem Priester die Eheringe zum Einsegnen. Auch für die kirchliche Beerdigung gibt es heute eine Reduktionsform: Am Vorabend der Beerdigung wird der Sarg zu Hause vom Priester eingesegnet, so daß man am nächsten Tage eine zivile Bestattung feiern kann, die es auch nichtgläubigen Verwandten, Freunden und Kollegen ermöglicht, an der Feier teilzunehmen.

Der orthodoxe Christ hegt gegenüber der Eucharistie, dem heiligen Abendmahl, eine große Ehrfurcht. Deshalb ist bei vielen eine regelmäßige oder häufige Kommunion (Empfang der heiligen Gaben) nicht üblich, etwa drei- bis viermal im Jahr, auf alle Fälle aber in der Großen Fastenzeit. Hat er in der Fastenzeit gebeichtet, so steht ihm von Gründonnerstag bis Ostern die Kommunion auch ohne Beichte offen. Den vom Empfang der heiligen Gaben Zurückkehrenden pflegt man zu beglückwünschen, oft umarmt und küßt man ihn. Zu Beginn unseres Jahrhunderts führte ein bedeutender russischer Seelsorger, *Ioánn Sérgijew von Kronstadt* (Johann von Kronstadt), die »allgemeine Kirchenbeichte« ein (wie sie auch in den evangelischen Kirchen bekannt ist), um großen Gemeinden die häufigere Teilnahme an der Eucharistie zu ermöglichen. Diese allgemeine Beichte spielt heute im orthodoxen Gottesdienst in der Sowjetunion eine erhebliche Rolle, da oft nur so den von weit her anreisenden Gläubigen Beichte und Kommunion ermöglicht werden kann.

Wenn auch *Pilger* und *»stránniki«* (Wanderer aus asketisch-religiösen Motiven) kaum mehr in dem Maße wie in vorrevolutionärer Zeit anzutreffen sind, so üben doch die Jahrhunderte hindurch als heilig verehrten Orte eine noch heute spürbare Anziehungskraft auf den russischen orthodoxen Christen aus. In der Sowjetunion ist das wohl bekannteste Beispiel das kirchliche und klösterliche Zentrum der russischen Orthodoxie, die *Dreifaltigkeits-Sergius-Lawra* in *Sagorsk*, etwa 60 Kilometer nordöstlich von Moskau – *Tróize-Sérgijewa-Láwra* (*»Lawra«*, griech. *»Laura«* bezeichnet ein besonders hervorragendes oder berühmtes Kloster). Aus der heiligen Quelle dieses Klosters, die der Überlieferung nach durch ein Wunder des Klostergründers, des heiligen *Sérgi von Rádonesh* (14. Jahrhundert), zu fließen begann, schöpft man das heilige Wasser, trinkt es, nimmt es in Gefäßen mit und erhofft sich dadurch leibliche und seelische Gesundheit. – Die besondere Bedeutung und Funktion des *Wassers* ist in der gesamtorthodoxen Tradition zu beobachten, so etwa bei der großen *Wasserweihe* am Epiphaniastag. Es gibt auch eine Form der Gottesmutterverehrung, die eng mit einer Quellenfrömmigkeit verbunden ist. Von der Quelle im rumänischen Kloster *Sîmbăta* war schon die Rede (siehe Seite 97). Dort findet außer dem Patroziniumsfest (Heimgang der Gottesmutter) jährlich ein großes Pilgerfest statt. Jeder, der dorthin kommt, erhält auch heute noch von den Mönchen einen Trunk frischen Gebirgswassers aus dem Brunnen »Gottesmutter – Quelle des Lebens« gereicht.

Die als wundertätig verehrten Ikonen wurden schon erwähnt. Auch zu ihnen unternehmen die orthodoxen Christen Wallfahrten. Wunder wie die oben genannten (Seite 92 und folgende) oder auch eine selbsttätige »Erneuerung« (eine alte, nachgedunkelte Ikone erstrahlt plötzlich wieder in ihren alten, kräftigen Farben) ziehen ganze Scharen von Gläubigen an.

Ganz besonders lebendig sind die orthodoxen Bräuche im Zusammenhang mit den Festen des Kirchenjahres, vor allem in der Zeit vor den Festen. Schon die Heiligenfeste sind ein interessantes und augenfälliges Beispiel für die Stabilität orthodoxer Sitte in Verbindung mit dem Brauchtum. Hier ist auch der Punkt, wo es gelegentlich zu Differenzen mit der modernen rationalisierten Arbeitswelt kommt. So ist der Tag *Elias des Propheten* im Hochsommer ein gerade in ländlichen Gebieten sehr beliebtes Heiligenfest; es liegt allerdings auf einem für die dann anstehenden Erntearbeiten nicht gerade günstigen Termin (20. Juli/2. August).

Die ostkirchliche Tradition kennt auch sehr detaillierte Vorschriften über *Fastenzeiten* und *-bräuche.* So gelten seit ältesten christlichen Zeiten der Mittwoch und der Freitag als Fastentage. Fastenperioden sind außer den bereits genannten *Großen Fasten* das mit dem 15./28. November beginnende *Weihnachtsfasten (Roshdéstwenski post)*, das achttägige Fasten vor *Epiphanias/Theophanie*, das *Petersfasten (Petrów post)*, das immer am Montag nach dem ersten Sonntag nach Pfingsten, »Aller Heiligen«, beginnt, also – abhängig vom jeweiligen Ostertermin – unterschiedlich lang ist und bis zum Peter-Pauls-Tag am 29. 6./12. 7. dauert; schließlich das am 1./14. August beginnende Fasten vor dem Fest *Mariä Heimgang* am 15./28. 8. *(Uspénski post).*

Die häufigen und langen Fastenzeiten werden von den Laien kaum noch in ihrem vollen Umfang eingehalten, ausgenommen der kleinere, streng kirchliche Gemeindekern und besonders die Familien und Haushalte der Geistlichen, die kirchlichen Ausbildungsstätten, Klöster und dergleichen. Auch die Vorschrift, zur Liturgie nur unter Einhaltung des Fastens vom Vorabend, also vom Samstagabend an, zu erscheinen, wird besonders von den arbeitenden Teilnehmern nicht regelmäßig wahrgenommen werden können.

Die *Großen Fasten (Welíki post)* der Passionszeit mit vorgeschaltetem Vorfasten zeichnen sich durch einen sich wöchentlich steigernden Verzicht auf bestimmte Speisen aus. So beginnt mit dem 3. Sonntag der Vorfastenzeit, dem »Sonntag der Fleischentsagung« *(Nedélja mjasopústnaja)* zunächst die Fleischabstinenz, am folgenden Sonntag tritt die Entsagung von Milch- und Eierspeisen, der sogenannte Laktizinienverzicht (siehe Seite 64), hinzu. Mit dem Sonntag »Triumph der Orthodoxie«, sechs Wochen vor dem Osterfest, beginnt dann die eigentliche Fastenzeit. Auch wer als Orthodoxer die Fastenbräuche während der ganzen Großen Fasten nicht genau einzuhalten vermag, bemüht sich doch wenigstens, in der Karwoche *(Strastnája sedmiza)* die Speiseverbote zu beachten. Zu Ostern, mit dem als großem Freudenfest der Christenheit das Fasten endet, trägt man dann bestimmte Osterspeisen in die Kirche zum Ostergottesdienst, um sie segnen zu lassen. Es handelt sich um den *Kúlitsch*, einen kleinen, turmförmigen Hefekuchen, die *Pás-cha* (= »Passah«, Ostern), eine süße, mit Rosinen und Sahne angemachte Quarkspeise, und gefärbte Eier, mit denen man sich in der Osterzeit beschenkt. Auch unter Priestern und Hierarchen ist es üblich, sich nach der Liturgie kunstvoll bemalte Ostereier zu schenken.

Der Gruß der Ostertage ist der Liturgie entnommen: *»Christós woskrésse!«* (»Christus ist auferstanden!«), worauf der Gegrüßte antwortet: *»Woistinu woskrésse!«* (»Er ist wahrhaftig auferstanden!«), und ist verbunden mit dem dreimaligen Kuß auf beide Wangen, wobei die Dreizahl der Küsse – zu Ehren der Dreieinigkeit – als spezifisch christlich verstanden wird.

Die gottesdienstlichen Feiern und Handlungen als Grundlage christlich-orthodoxer Sitte

Für den Nichtorthodoxen ist es zum Verständnis ostkirchlicher Frömmigkeit wichtig, neben den Liturgien und den Stunden- oder »Tagzeit«-Gottesdiensten auch eine Einführung in besondere Gottesdienste zu bestimmten Anlässen, vor allem die Sakramentsgottesdienste, zu erhalten, die sogenannten *»Akoluthien«*, kirchenslaw. »Poslédowanija« (wörtlich etwa: »Abfolgen«, am besten mit »Rituale« zu übersetzen). Im folgenden werden die »Sakramente« in der in den orthodoxen Katechismen üblichen

Reihenfolge vorgestellt. Die Orthodoxie verwendet allerdings den lateinisch-westlichen Begriff der Sakramente nicht, sondern gebraucht das griechische Wort *»Mysterien«* (Singular *mystérion*, kirchenslaw. *táinstwo*, wörtlich: »Geheimnis«), das einen anderen Sinn hat und nicht nur schlechthin die Übersetzung des lateinischen Begriffs ist. Im griechischen Wort kommt der gottesdienstlich-liturgische Charakter stärker zum Ausdruck, ferner die rationale Unzugänglichkeit des Ereignisses für den Menschen. Diese zumeist als eigene Akoluthien gefeierten Mysterien sind: Taufe und, damit zusammenhängend, Myronsalbung, Eucharistie (deren »Akoluthie« ist die Göttliche Liturgie als ganze), Buße (darin die als Mysterion verstandene Beichte eingeschlossen), Weihe, kirchliche Eheschließung (»Trauung«, orthodoxe Bezeichnung: »Krönung«, kirchenslaw. *wentschánije*), heilige Ölung.

Die Mysterien – außer dem der Weihe zum geistlichen Amt – dürfen in der Ostkirche nur durch einen (oder mehrere) von einem Bischof geweihten und sich in unaufgehobener Kirchengemeinschaft befindlichen Priester gespendet werden.

Die Taufe

Dieses Mysterion – griech. *báptisma*, kirchenslaw. *krestschénije* – hat im Verlauf der Geschichte des christlichen Gottesdienstes einen reichen zeremoniellen Ausbau erfahren und ist mit verschiedenen Gebeten und liturgischen Akten vor und nach der Taufe kombiniert worden. So sind etwa die präbaptismalen Gebete (Gebete vor der Taufe) des Priesters über der Mutter kurz nach der Entbindung zu nennen, ferner die Namensgebung in der Kirche und die Kreuzsiegelung an der Stirn des Kindes am achten Tag nach der Geburt (dem Kind wird der Name des Tagesheiligen gegeben). Am 40. Tag nach der Geburt trägt die Mutter das Kind in die Kirche, begleitet von den Paten. Die zu diesem Anlaß vom Priester gesprochenen Gebete beziehen sich zum Teil direkt auf die Darstellung Jesu im Tempel nach Lukas 2, 22. Diese Vergegenwärtigung der Darstellung Jesu in der Darstellung des jeweiligen Kindes wird vom Priester auch mit dem Lobgesang des Simeon, Lukas 2, 29–32, abgeschlossen, wobei der Priester einen männlichen Täufling hinter die Bilderwand vor den Altar trägt oder führt, einen weiblichen bis an die Königstür heran. Diese »Darstellung« des Kindes gilt als Taufbegehren.

Der eigentlichen Taufe ist heutzutage der sogenannte *Katechumenat* vorgeschaltet, der mit der Entkleidung des Katechumenen (= eines, der die Taufe begehrt oder sich auf ihren Empfang vorbereitet) durch den Priester bis auf ein ungegürtetes Hemd beginnt. Der Taufkandidat wird mit dem Gesicht gen Osten aufgestellt. Nach dem Anhauchen des Täuflings und seiner »Versiegelung« (Bekreuzigung auf Stirn und Brust durch den Priester) folgen die vier liturgischen »Exorzismen« (kirchenslaw. *saprestschénija* = »Verbote«, »Untersagungen« [an den Bösen]) durch den Priester, danach die Absage an den Bösen (lateinisch *abrenuntiatio diaboli*, griech. *hypotagé tu Satanâ*, kirchenslaw. *otrizánije Sataný*) in westlicher Himmelsrichtung. Zum Schluß dieser Absage wird der Täufling oder – im Fall einer Kleinkindtaufe – der Pate aufgefordert, auf den Satan zu blasen und zu speien. Darauf folgt gen Osten in Frage und Antwort das Glaubensgelöbnis und – als Zentrum des Katechumenats – das Glaubensbekenntnis (kirchenslaw. *Símwol wéry*), das in der Ostkirche allein gebräuchliche Nizäno-Konstantinopolitanische Glaubenssymbol von 325/381. Dieser gesamte Katechumenat ist Nachklang der altkirchlichen Taufunterweisung und -vorbereitung erwachsener Katechumenen während der Quadragesimä, der vierzig Tage vor Ostern, wobei Exorzismus und Abrenuntiation ihren Platz in der Nacht vom Karsamstag zum Ostersonntag hatten.

Zu der heute unmittelbar folgenden Tauf-Akoluthie legt der Priester weiße Gewänder an. Nach der Beweihräucherung des Taufbeckens spricht der Diakon eine Ektenie, in der um die Segnung des Taufwassers gebeten wird. Nach der Wasserweihe durch den Priester, der mit den Fingern dreimal das Kreuzzeichen im Wasser macht, folgt die Segnung des Myronöls, das anschließend kreuzweise ins Taufwasser gegossen wird. Der Täufling wird darauf mit dem »Freudenöl« (griech. *mýron tes agalliáseos*, kirchenslaw. *jeléi rádowanija*) an Brust, Schultern,

Ohren, Händen und Füßen gesalbt und schließlich unter Rezitation der trinitarischen Formel (»Im Namen des Vaters. Amen. Und des Sohnes. Amen. Und des Heiligen Geistes. Amen«) dreimal untergetaucht.

Die Myronsalbung

Das Mysterion der *Myronsalbung* (griech. *mýroma*, kirchenslaw. *miropomásanije*) schließt sich heutzutage unmittelbar an die Taufe an. Zentrale Handlung der Myronsalbung ist das Bestreichen der Stirn, der Augen, der Nasenflügel, des Mundes, der Ohren, der Brust, der Hände und der Füße des Neugetauften in Kreuzform mit dem geweihten Myron (Salböl). Dabei sagt der Priester jeweils »Siegel der Gabe des Heiligen Geistes«. Danach zieht der Priester mit Täufling und Paten unter Lobgesang kreisförmig um das Taufbecken herum.

Wie in der Alten Kirche der Neugetaufte zu Ostern unmittelbar nach Taufe und Myronsalbung an der Eucharistie teilnahm, so kommuniziert auch heute der neugetaufte Orthodoxe im allgemeinen sofort. Da die Ostkirchen auch Kinder zum Abendmahl zulassen – in der Westkirche hat sich aus der Myronsalbung die Firmung und Erstkommunion, daraus die evangelische Konfirmation entwickelt –, dürfen auch neugetaufte Säuglinge kommunizieren. Ihnen wird allerdings nur vom Wein gegeben.

Die offiziell auf den achten Tag nach der Taufe angesetzte *»Abwaschung«* (griech. *apólusis*, kirchenslaw. *ismowénije*) wird heutzutage oft gleich nach der Taufe vollzogen. Der Ritus der kreuzförmigen Tonsurierung (Scherung) des Haupthaars schließt in den Ostkirchen den Gesamtritus der Taufe ab.

Im Zusammenhang mit der Wasserweihe während der Taufe ist es nicht unwichtig zu erwähnen, daß in den Ostkirchen an *Epiphanias/Theophanie* (6./19. Januar) die *Große Wasserweihe* (griech. *hagiasmós mégas [tu hýdatos]*, kirchenslaw. *welikoje oswjastschénije wodý*) vollzogen wird. Epiphanias und Wasserweihe werden mit der Taufe Christi im Jordan theologisch-liturgisch in Verbindung gesetzt. Von hier aus ergibt sich auch die

Verwandtschaft mit der Taufwasserweihe. Bei der Großen Wasserweihe, die – falls sich ein Gewässer in der Nähe der Kirche befindet – auch an Flüssen und Seen gefeiert wird, taucht der Liturg ein Kreuz ins Wasser, vielleicht eine Reminiszenz an das wahrscheinlich schon Anfang des 5. Jahrhunderts im Jordan an der Taufstelle Jesu errichtete Kreuz. Auch hier, bei der Großen Wasserweihe, hat das Kreuz, wie bei der Wasserweihe vor der Taufe, eine apotropäische Funktion: Es entmachtet die dämonischen kosmischen Mächte. Dies ist auch in die Ikonographie der Taufe Jesu eingegangen, wo häufig die personifizierten Natur- (Wasser-), Mächte dargestellt sind, wie sie im Jordan machtlos kauern.

Die Buße

Eine wichtige Voraussetzung für die Teilnahme an der Eucharistie ist das Mysterion der *Buße* (griech. *metánoia*, kirchenslaw. *pokajánije*). Ihr zentrales Stück ist die *Beichte* (griech. *exomológesis*, kirchenslaw. *íspowed*). Die Beichte soll eigentlich stets einem Priester persönlich abgelegt werden. So sieht man auch in den Kirchen vor der Liturgie häufig Beichtende, die vor einem Priester stehen. – Unter besonderen Umständen wird die persönliche Beichte vor allem in der russischen Kirche durch die kirchenrechtlich allerdings umstrittene »allgemeine Kirchenbeichte« (kirchenslaw. *óbstschaja íspowed)* ersetzt.

Gerade in der Verwaltung des Bußsakraments haben sich bis in die Neuzeit Spannungen zwischen Episkopat (den Bischöfen) und der Priesterschaft einerseits und dem Mönchtum andererseits ergeben, da oft die nicht zu Priestern geweihten *Starzen* (griech. *géron*, kirchenslaw. *stárez* = wörtlich »der Alte«) als charismatische Autoritäten die Bußgewalt beanspruchen und diese ihnen von den Bußwilligen auch zuerkannt wird. Kirchenrechtlich steht es unter den Mönchen aber nur den *Hieromonachen* (Mönchspriestern) zu, die *Absolution* (griech. *lytérion*, kirchenslaw. *rasreschénije*) zu erteilen.

Die *Epitimien* (Bußstrafen), die in einem kirchenrechtlichen Buch, dem sogenannten *Bußnomokanon*, zusammengefaßt sind, reichen bis hin zur Exkommunikation, das heißt zum Verbot der Teilnahme an der Eucharistie (das aber nur vom Bischof verhängt werden kann). Wie bereits angedeutet, übt der orthodoxe Christ die Buße bevorzugt während der Großen Fasten in der Passionszeit vor Ostern. In dieser Zeit wird auch der berühmte Bußkanon des *Andreas von Kreta* gesungen.

Es ist deutlich, daß das orthodoxe Mönchtum mit seinen asketischen Bestrebungen eine besondere Beziehung zum Mysterion der Buße hat. Diese Beziehung stammt aus dem Bemühen, im Mönchsleben so vollkommen wie die Engel zu werden, weshalb das Mönchsleben seit alters der »engelgleiche Weg« (griech. *bíos angelikós* = wörtlich »engelhaftes Leben«) genannt wird. Seinen literarischen Niederschlag fand dieses Vollkommenheitsstreben zum Beispiel in der als »(Himmels-) Leiter« betitelten Schrift des *Johannes vom Sinai* (6. Jahrhundert), der nach dieser seiner Schrift den Beinamen *Klímakos* (von griech. *klímax* = Leiter) erhielt. Die symbolische Vorstellung einer »Himmels-« oder »Paradiesesleiter«, auf der der sich läuternde und büßende Asket ins Paradies gelangt – oder von welcher er, durch Dämonen und Teufel gezerrt, hinabstürzt –, ist auch in die Ikonenmalerei eingegangen. So ist beispielsweise die gesamte Nordwand des rumänischen Klosters *Sucevița* (eines der bekannten Moldauklöster) außen von einer grandiosen Freskoikone bedeckt, die die »Klimax«, die Himmelsleiter, darstellt.

Die Weihe zum geistlichen Amt

Die *Weihe zum geistlichen Amt* (kirchenslaw. *swjastschénstwo*), das heißt die unter Handauflegung vorgenommene Einbeziehung in die Amtsnachfolge der Apostel *(Sukzession)*, als deren Nachfolger sich die ostkirchlichen Bischöfe verstehen und in welche in einem weiteren Sinne alle Geistlichen hineingehören, ist die kirchenrechtliche Voraussetzung aller übrigen Akoluthien. Die Weihe kann daher grundsätzlich auch nur vom Bischof vorgenommen werden. Diakone, Priester und Bischöfe erhalten die *Cheirotonie* (griech. *cheirotonía*, kirchenslaw. *rukopoloshénije*, wörtlich »Handausstreckung«) – ein Bischof durch den schon erwähnten *Sobór Jepiskopow*, das sind mindestens drei Hierarchen –, die unteren geistlichen Ränge die *Cheirothesie* (griech. *cheirothesía*, kirchenslaw. *rukowosloshénije*, wörtlich »Handauflegung«). Die Weihen der Bischöfe, Priester und Diakone werden im Gegensatz zu den übrigen in die Liturgie eingeschoben. Der Kandidat fürs *Bischofsamt* zieht mit den anderen Priestern beim Kleinen Einzug mit dem Evangelienbuch in den Altarraum ein. Wichtig für die Bischofsweihe ist das vor der eigentlichen Weihehandlung durch den Kandidaten abzulegende ausführliche Glaubensbekenntnis. Nach der Einkleidung mit den bischöflichen Insignien kniet er vor dem Altar nieder, der die Weihe leitende Bischof streckt die rechte Hand über dem Kandidaten aus und spricht ein längeres Weihegebet. Ein gutes Erkennungszeichen für den Unkundigen ist, daß bei der Bischofsweihe das meist reichgeschmückte Evangelienbuch während der Cheirotonie über das Haupt des zu Weihenden gehalten wird.

Die *Priesterweihe* hat ihren Platz in der Liturgie während des Großen Einzugs. Nach dem Cherubimhymnus wird der Kandidat von einem Diakon zu dem im Altarraum thronenden Bischof geführt. Vor der Weihe wird er von zwei Priestern unter Gesang von drei Hymnen dreimal um den Altar geführt. Danach erfolgt die Einkleidung mit den Priestergewändern.

Eine Sonderstellung innerhalb der verschiedenen Klerikerweihen nimmt die Ablegung des *Mönchsgelübdes* (griech. *epangelía*, kirchenslaw. *obét*) ein, die mit der (zweiten) Haarschur (griech. *apókarsis*, kirchenslaw. *postrishénije*) verbunden ist (die erste Tonsurierung hat während der Taufe stattgefunden). Der Geschorene wird mit dem Mönchsgewand (griech. und kirchenslaw. *s-chíma*) bekleidet. Dabei wird dem Novizen der Mönchsname beigelegt, der üblicherweise mit demselben Buchstaben wie der Taufname beginnt. Eine Steigerung des Mönchsstatus (dem übrigens ein dreijähriges Noviziat vorausgeht) ist die Einkleidung in das »Große Schima« (griech. *méga s-chíma*, kirchenslaw. *welíkaja s-chíma*), ein langes, üblicherweise mit der *Hetoimasía* (Kreuz mit Marterwerkzeugen) besticktes Mönchsgewand mit einer Kapuze. Die Träger dieses Großen Schima führen ein besonders asketisches Leben; mit ihm werden oft die *Starzen* ausgezeichnet, Mönche mit großer Lebenserfahrung, die besondere Fähigkeiten zur Seelenführung bewiesen haben.

Die »Trauung« oder kirchliche Eheschließung

Seit dem neunten Jahrhundert wurde die *kirchliche Eheschließung* auch vom byzantinischen Kaiserrecht gefordert, während die kirchliche Auffassung von der Ehe als Mysterion wesentlich älter ist. Neben den üblichen Ehehindernissen gilt in der Ostkirche auch die »geistliche Verwandtschaft« (zwischen Paten und Täufling) als ehehindernd. Die nicht seltenen Ausnahmeregelungen (bei Zweit- oder Drittehen, bei Ehen mit Ungläubigen oder Häretikern) basieren auf den sogenannten kirchenrechtlichen *»oikonomíai«*, das heißt dem Kirchenrecht zwar nicht entsprechenden, jedoch von der Hierarchie ausnahmsweise konzedierten Regelabweichungen. Der Zölibat allerdings kann nicht durch eine Ausnahmeregelung aufgehoben werden.

In der heutigen Akoluthie der kirchlichen Eheschließung sind zwei ursprünglich selbständige Akoluthien zusammengefaßt, nämlich die des »Verlöbnisses« (griech. *arrabón*, kirchenslaw. *obrutschénije*) und die der »Krönung« (griech. *stephánoma*, kirchenslaw. *wentschánije*). Die Akoluthie des Verlöbnisses beginnt nach der Göttlichen Liturgie. Die beiden Ringe (traditionellerweise ein goldener und silberner) liegen auf der rechten Seite des Altars. Nach Befragung und Segnung der Brautleute und Überreichung brennender Kerzen an der Königstür ziehen die Brautleute mit dem Priester ins Kirchenschiff, wo ein Tisch für die Akoluthie der Krönung aufgestellt ist. Mit den gesegneten Ringen schlägt der Priester über dem Haupt des Bräutigams (mit dem goldenen) und der Braut (mit dem silbernen) jeweils ein Kreuz und spricht dazu die Verlobungsformel. Nach einem auf alttestamentliche Ehepaare typologisch hinweisenden Gebet des Priesters schließt sich die Krönung meist unmittelbar an.

Nach Psalmlesung (Psalm 128), Ermahnung und Befragung (auch nach eventuell bestehenden Verlöbnissen mit Dritten) folgt nach der Großen Ektenie und drei Priestergebeten die Krönung des Paares unter Verwendung der trinitarischen Formel und dreifachem Segen, wobei die verwendeten Kronen nicht nur auf die Krönung der vierzig Märtyrer von Sebaste mit der »Krone des Lebens«, sondern auch (in der Schlußvermahnung) auf die »heiligen, von Gott gekrönten und apostelgleichen Könige, Konstantin und Helena« bezogen werden. Danach kommuniziert das gekrönte Paar, allerdings nur unter Verwendung von Wein, wobei die eucharistische Liturgie Ähnlichkeiten mit der Liturgie der Vorgeweihten Gaben aufweist. Die gesamte Akoluthie der kirchlichen Trauung repräsentiert nach orthodoxem liturgisch-symbolischem Verständnis unter anderem die Hochzeit zu Kana in Galiläa (Johannes-Evangelium, Kapitel 2).

Die heilige Ölung

Dieses Mysterion entspricht etwa dem Anwendungsbereich der römisch-katholischen »Krankensalbung«. Die *heilige Ölung* (griech. *hágion élaion, hágion euchélaion,* kirchenslaw. *swjatói jeléi, jeleoswjastschénije,* auch *sobórowanije,* weil dieses Mysterion der Regel nach durch eine Gruppe, einen *sobór*, von sieben Priestern vollzogen wird) wird zur Stärkung in Krankheit und Todesnot gespendet, daneben aber auch von Gesunden im Kampf gegen die von ihnen in der Beichte bekannten Sünden begehrt. Von Gesunden wird als Zeit der heiligen Ölung zumeist (bei den Griechen) die Karwoche oder (bei den Russen) der Gründonnerstag (*strastnói* oder *weliki tschetwérg*) gewählt.

Der Ritus der heiligen Ölung beginnt mit der Vorbereitung: Auf einen Tisch, zum Beispiel im Krankenzimmer, werden Weizenkörner gestreut, in die Mitte wird ein Gefäß mit reinem oder mit etwas Wein vermischtem Olivenöl gestellt, um die herum sieben kleine Pinsel und Baumwolle oder Watte gelegt werden. Dazwischen werden sieben Kerzen angezündet, Kreuz und Evangeliar dazugelegt. Die sieben Priester stehen mit brennenden Kerzen um den Tisch. Auf diese Vorbereitung folgt die »Tröstung« (griech. *paráklesis,* kirchenslaw. *molében* = eigentl. Gebetsgottesdienst). Diese besteht aus Beweihräucherung des

Tisches unter Gebet und Lesung des Psalms 143, Kleiner Ektenie, Lesung des 51. Psalms, dem Kanon des Ölgebetes, den sogenannten Lobpsalmen 148, 149, 150 mit zwischengeschobenen Stichiren.

Auf die »Tröstung« folgt die »Segnung des Heiligen Öls«, die aus der Großen Ektenie und dem parallel dazu rezitierten Ölgebet besteht. Im Ölgebet werden Wundertäter wie der heilige *Nikolaus* und der zu den heiligen Ärzten (den *anárgyroi*, den »uneigennützigen«) gehörenden *Panteleimon* angerufen. Zentrale Handlung sind die sieben heiligen Ölungen, die sich aus verschiedenen Epistel- und Evangelienlesungen (zu Anfang der neutestamentliche Ausgangstext für dieses Mysterion: Jakobus 5, 10–16) mit den dazugehörenden Prokimena und dem Halleluja, einem Gebet für den Kranken und der eigentlichen Salbung zusammensetzen. Vor dem Entlassungsgebet halten die sieben Priester dem Kranken das Evangeliar so auf das Haupt, daß die Textseiten dieses berühren. Auch dabei wird ein Gebet gesprochen. Mit einem Hymnus auf die »Anargyroi«-Ärzte, einem Entlassungsgebet, drei Metanien (Bußverbeugungen) des Kranken, soweit sein Zustand dies gestattet, und der Lossprechung durch den Priester endet der Ritus der heiligen Ölung.

Die kirchliche Bestattung

In den orthodoxen Kirchen zählen die Bestattungsriten nicht zu den Mysterien im strengen Sinne, sind aber als eine eigene gottesdienstliche Handlung in der (griech.) *Akoluthia nekrósimos* oder *Akoluthia exodiastikú*, kirchenslaw. *Poslédowanije pogrebénija* (= Begräbnisritus oder -ordnung) zusammengefaßt. Es werden verschiedene Bestattungsordnungen für Laien, Kleriker und Mönche beziehungsweise Nonnen unterschieden. Der heutige Bestattungsritus umfaßt die Aufbahrung (im Haus und) in der Kirche, die Totensalbung, das Einkleiden des Leichnams, das Schmücken des Toten mit weißen Blumen als Symbol der Todesüberwindung, dann den Gebetsgottesdienst für den Toten (griech. *pannychís*, kirchenslaw. *panichída*, eigentlich das *ganznächtige* Beten, das an der Totenbahre vollzogen wurde; die

Panichida ist jetzt eine kürzere, am Tage gefeierte Akoluthie für den Verstorbenen). Schließlich gehört der Leichenzug (griech. *pompé*) dazu, der als Triumphzug verstanden wird. Bei der Bestattung ist der »letzte Kuß« auf Stirn und Mund des Toten üblich. Es schließt sich eine Eucharistiefeier an. Die vom Priester gehaltene Totenrede betont die Hoffnung auf die Auferstehung der Toten. Auch sind Gedächtnisfeiern in Form der Panichida am Grabe in Übung, die mit einem Gedächtnismahl verbunden sind. Diese Gedächtnisfeiern werden aber nicht nur am Tage der Bestattung selbst, sondern auch am fünften, siebenten, (neunten) und 30. (40.) Tag danach begangen. Mit diesen Gedenk-Panichiden ist der Verzehr der *Kólyba* (kirchenslaw. *kóliwo* oder *kutjá*) verbunden, eines mit Zutaten und Gewürzen versehenen Weizenbreis; das Ganze hat liturgischen Charakter. Oft wird die Panichida als jährliches Gedenken des Todestages begangen, ebenso auch am Namenstag des Verstorbenen. Sie kann in verschiedenen Fassungen – für einzelne Tote wie auch für eine Gruppe, etwa gefallene Soldaten – gefeiert werden.

Die Heiligenverehrung

Grundzüge der Heiligenverehrung

Märtyrer und Heilige werden nicht nur in den gottesdienstlichen Versammlungen der Kirche, besonders an den Heiligenfesten in der Liturgie, verehrt, sondern haben auch einen festen Platz in der Frömmigkeit des christlichen Volks und jedes einzelnen Gläubigen in der Orthodoxie.

Für den orthodoxen Christen sind die Heiligen geistliche Väter und Brüder, Mütter und Schwestern. Ohne sie auskommen zu müssen würde bedeuten, den Weg des Heils allein zu suchen, ohne Vorbilder, Helfer und Beschützer. Der Gläubige weiß sich in der Gemeinschaft der Heiligen geborgen und von ihnen geleitet. Die Heiligenverehrung ist nach orthodoxer Auffassung weder Abgötterei noch Personenkult noch Synkretismus (Vermischung christlicher mit nichtchristlicher Religiosität); die

Heiligen verdecken auch nicht die Bedeutung der Person Jesu Christi als des wahren Gottes und Erlösers. Die orthodoxe Lehre unterscheidet deutlich zwischen Anbetung und Verehrung. Den Heiligen kommt nur Verehrung zu, während Anbetung allein Gott und dem Herrn und Heiland Jesus Christus gebührt. Hier gibt es eine Parallele zur Ikonenfrömmigkeit – auch den Bildern als Abbildern des Heiligen gebührt Verehrung, während die Anbetung dem unsichtbaren Gotte gehört.

Die Heiligen werden auch nicht als Mittler zwischen Gott und den Menschen verstanden, sondern sie sind Freunde und Helfer der Gläubigen, die mit ihnen zu dem wahren und einzigen Erlöser beten. Dies wird in besonderer Weise an der Haltung der einzelnen Heiligen an der Bilderwand deutlich: Sie alle stehen mit leicht geneigtem Oberkörper als Ausdruck der Demut und Verehrung Christus zugewandt und die Hände bittend zu ihm erhoben. Christus der Erlöser steht immer im Zentrum.

Die Heiligenverehrung war immer eine Bewegung von der Gemeinde her. Oft wurde ein Märtyrer oder Glaubensheld vom Volk als Heiliger verehrt, lange bevor er von kirchenleitender Ebene als ein solcher anerkannt oder heiliggesprochen (kanonisiert) wurde. Für die offizielle Verehrung durch die ganze Kirche und innerhalb des Gottesdienstes aber muß die *Kanonisation* (Heiligsprechung) vorliegen.

Was veranlaßt nun das Kirchenvolk, bestimmte Menschen als Heilige zu verehren; was sind »Heilige«? – Heilige sind eigentlich nichts anderes als Menschen, die in besonderer Weise sich um ein Leben in der Nachfolge Jesu Christi bemüht haben. Sie versuchten, sich von den Forderungen der Bergpredigt leiten zu lassen und ein lebendiges Beispiel dafür zu sein, daß die ethischen Forderungen des Christentums auch erfüllbar sind. Dabei waren sie wie jeder Christ Versuchungen ausgesetzt, sind ihnen zum Teil auch erlegen, haben unter bestimmten sozialen, politischen und kulturellen Bedingungen gelebt und gewirkt. Daß besonders bei den Heiligen der älteren und ältesten Zeiten die Legende vieles übermalt und damit verschönt hat, versteht sich von selbst. Bei einigen Heiligen ist sogar ihre historische Existenz ungewiß.

Menschen, die nach ihrem Tode als Heilige verehrt wurden, galten und gelten ihren Verehrern als Muster an Frömmigkeit und Demut. Einige von ihnen haben sich der Erinnerung eingeprägt durch ihren Einsatz unter bestimmten gesellschaftlichen Verhältnissen, zum Beispiel durch ihren Widerspruch gegen den Mißbrauch staatlicher Macht, andere durch das Bekenntnis ihres Glaubens in einer nichtchristlichen Umgebung. Eine weitere Gruppe von Heiligen hat in exemplarischer Weise ein Leben der christlichen Liebe geführt. Schließlich sind herausragende Asketen, Mönche, in die Schar der Heiligen eingereiht worden.

So sieht der orthodoxe Gläubige in den Heiligen Vorbilder und barmherzige Helfer. Diese Vorbildhaftigkeit ist es, die der Gläubige an den Heiligen verehrungswürdig findet. Und weil er weiß, daß viele von ihnen schon zu ihren Lebzeiten für ihre Mitmenschen eingetreten waren, kann er sie auch nach ihrem Tode bitten, seine persönlichen Nöte und Bitten vor Gottes Thron zu bringen. Die Rolle der Heiligen als Fürsprecher und Beschützer der Menschen vor Gott ersetzt aber nicht die eigene Aktivität des Gläubigen. Eine alte Regel empfiehlt: »Lies die Werke der Heiligen mit deinen eigenen Taten!« Das Vorbild der Heiligen spornt zur Nachahmung an.

Die geschichtliche Entwicklung der Heiligenverehrung

Heiligkeit hat so viele Formen, wie es menschliche Individualität gibt, und bekommt damit immer auch einen persönlichen und schöpferischen Charakter; Heiligkeit tritt in jeder Epoche, ja bei jedem einzelnen Heiligen spezifisch auf. Die Geschichte der Verehrung von Heiligen durch die christliche Gemeinde reicht bis in die Zeit der frühen Kirche zurück. Schon im 2. Jahrhundert beginnen die Feiern des Gedenkens an *Märtyrer* als Blutzeugen des Glaubens und Vorbilder der Gemeinde (siehe Seite 76f.). An den Jahrestagen ihres Todes trafen sich die Gläubigen an ihren Gräbern, um mit Gebeten und Gesängen (Hymnen) sich ihrer zu erinnern. Seit dem 5. Jahrhundert begann man zwischen dem Märtyrer, der seinen Glauben mit dem Leben bezahlen mußte, und dem *Heiligen*, der ein vorbildliches Leben nach den ethischen Normen der christlichen Lehre führte, zu unterscheiden.

Mit der Ausbreitung des christlichen Glaubens durch die von Byzanz getragene Mission verbreitete sich auch die byzantinische Heiligenverehrung. Ihr besonderer Charakter brachte es mit sich, daß in einzelnen orthodox gewordenen Ländern, etwa des slawischen Raumes, eigene Heilige anerkannt wurden, ja daß sich die Verehrung von Heiligen auf einen noch kleineren geographischen Bereich, eine Provinz oder eine Landschaft, beschränkte. So haben wir zwischen Heiligen, die in der gesamten Orthodoxie (und sogar darüber hinaus) Verehrung genießen – gesamtorthodoxen Heiligen –, solchen, die in einem Land besonders verehrt werden, aber doch für die ganze Orthodoxie kanonisiert sind – Nationalheiligen –, und Heiligen von örtlich begrenzter Bedeutung – Lokalheiligen – zu unterscheiden, wobei bei diesen letzteren nicht einmal die Heiligsprechung kirchenamtlich vollzogen sein muß.

Zu den gesamtorthodoxen Heiligen, die auch die Heiligen der Westkirche sind, soweit sie vor der Kirchenspaltung von 1054 kanonisiert wurden, zählen besonders die Märtyrer und Glaubenshelden der Alten Kirche. Nationalheilige haben oft bei der Christianisierung ihres Landes eine herausragende Rolle gespielt. So gehören nicht selten Fürsten (in Rußland zum Beispiel der »apostelgleiche« *Wladímir)*, aber auch Klostergründer zu ihnen. Unter den Lokalheiligen finden sich Asketen, die für das geistliche Leben eines umgrenzten Gebietes von Bedeutung gewesen sind.

In diesem Zusammenhang sind drei Typen von Heiligen zu erwähnen, deren Verehrung nur oder vorwiegend in der Ostkirche Verbreitung erlangt hat. Das sind die sogenannten heiligen Krieger, die Säulenheiligen und die Gottesnarren.

Bei den *heiligen Kriegern* (wie *Theódoros Stratelátes*, kirchenslaw. *Feódor Stratilát*, oder *Alexander Newski*) handelt es sich entweder um christliche Soldaten, die in der späten vorkonstantinischen Kaiserzeit den Märtyrertod erlitten haben, oder um Teilnehmer an Schlachten, die christliche Heere geschlagen haben. *Säulenheilige (Styliten, Säulensteher)* verkörpern einen

Typ ostkirchlicher Frömmigkeit, bei dem Askese und Eremitentum zu einer extremen Weltentsagung geführt haben. Styliten verbrachten einen Teil ihres Lebens, mitunter Jahrzehnte, allein auf einer Säule; manche von ihnen haben während dieser Zeit die Säule aufgebaut. *Sýmeon Stylítes* (kirchenslaw. *Simeón stólpnik*) ist der bekannteste von ihnen.

Gottesnarren oder *Narren um Christi willen* (kirchenslaw. *juródiwyje [Christá rádi]*) schließlich sind ursprünglich Geisteskranke gewesen, die als solche einen religiös begründeten Schutz durch die Gesellschaft genossen. Später gab es (vor allem im mittelalterlichen Rußland) Gottesnarren, die sich als geistesgestört ausgaben – und damit den erwähnten Schutz für sich in Anspruch nahmen –, um so ungestört und desto wirksamer gegen politische oder gesellschaftliche Mißstände auftreten zu können. Die Verehrung der Gottesnarren gewinnt gewisse paradoxe Züge, weil hier nicht mehr ein im vordergründigen Sinne »vorbildlicher« Christ, sondern ein »Anti-Held« verehrt wird. Gottesnarren haben auch nur lokale, bestenfalls nationale Bedeutung erlangt.

Die Heiligen-Geschichtsschreibung (Hagiographie)

Mit der Entstehung und Ausbreitung der Heiligenverehrung werden als erste schriftliche Zeugnisse die Berichte über die Märtyrer und ihr Ende (die *Martyrologien*) verfaßt. Diese Berichte enthalten gewöhnlich eine kurze Darstellung der Verfolgung, der die Christenheit insgesamt oder Gemeinden in einem Land oder einer Stadt ausgesetzt waren, danach die des Ergehens des oder der Märtyrer. Als Quellenmaterial für die Martyrologien dienten nicht selten Gerichtsprotokolle von den Prozessen und Urteilssprüchen. Die Namen und Taten der Märtyrer sollten für das Gedenken der Nachfahren und die kirchliche Verehrung aufbewahrt werden. Als man seit dem 5. Jahrhundert zwischen Märtyrern und Heiligen zu unterscheiden begann, traten zu den Martyrologien die Lebensbeschreibungen der Heiligen (*Viten,* Einzahl *Vita*) hinzu: es entstand die *Hagio-*

graphie (Heiligen-Geschichtsschreibung, Literatur über Heilige). Zunächst wurden einzelne Berichte über Leben und Wirken heiliger Väter, Mönche, Asketen, Bischöfe, Bekenner und Kirchenlehrer zusammengestellt. Daraus entwickelten sich verschiedene *Heiligenbücher* (wie das Jerusalemer, das Byzantinische oder das Alphabetische Heiligenbuch).

Die Heiligenviten wurden oft neu bearbeitet und zusammengestellt. Die bekannteste Sammlung stammt von dem Byzantiner *Sýmeon Metaphrástes* (10. Jahrhundert). Bei der Neubearbeitung erhielten die Viten, die bis dahin mehr historische Berichte waren, einen lehrhaft-erbaulichen Charakter, wurden ausgeschmückt und nach bestimmten Mustern erzählt: Aus der Heiligen*vita* entstand die Heiligen*legende*. Auch die Sprache trug dem Rechnung: Nicht selten wurde ein pathetisch-feierlicher oder poetisch-blumiger Stil verwendet. Das machte es möglich, die Viten in den gottesdienstlichen Gebrauch einzuführen. Die von Symeon Metaphrastes gebrauchte Form wurde nun als Muster bei der Abfassung neuer Viten verwendet. Aber es wurden nicht nur Heiligenviten verfaßt, sondern auch Hymnen auf Heilige gedichtet, in denen ihre Eigenschaften besungen und ihre Bedeutung für die Gläubigen zum Ausdruck gebracht wurden. Diese Hymnen fanden dann Aufnahme in die bereits erwähnten *Menäen* (siehe Seite 76).

Die hagiographische Literatur spielte im orthodoxen Bereich eine große Rolle bei der Verbreitung der Heiligenverehrung. Ihr ist es auch zu verdanken, daß Heilige aus dem griechisch-byzantinischen Raum im slawischen Bereich bekannt und populär wurden. Die Sammlungen von Heiligenviten und -hymnen haben neben ihrer Verwendung im Gottesdienst auch eine erhebliche Bedeutung für die individuelle Frömmigkeit. So waren die *Lesemenäen (tschetji minéi)* etwa im orthodoxen Rußland ein weitverbreitetes privates Erbauungsbuch, das auf die Gläubigen zugleich einen starken katechetischen (glaubensunterweisenden) Einfluß ausgeübt hat.

Von der privaten Heiligenverehrung ergeben sich Verbindungen zur Ikonenfrömmigkeit. Es ist die Ikone des persönlich besonders nahestehenden, etwa des Namensheiligen, vor der sich der Gläubige in der Kirche vor allen anderen verneigt, die er küßt, vor der er Kerzen anzündet. Vor dieser Ikone betet er zu ihm als zu seinem persönlichen Helfer und Fürsprecher, vor ihr schüttet er sein Herz aus und geht er ihn um Hilfe an. Der Namensheilige bestimmt auch den persönlichen Festkalender des orthodoxen Christen, denn weithin im christlichen Osten wird nicht der Geburts-, sondern der Namenstag begangen, das ist der Gedenktag des Heiligen, dessen Namen der einzelne Christ als Vornamen trägt. Dieser Tag beginnt mit dem Besuch des Gottesdienstes zu Ehren des Tagesheiligen; anschließend wird der Namenstag im Kreise der Familie, der Taufpaten und Verwandten festlich und zumeist auch fröhlich begangen.

Schließlich gehört in diesen Zusammenhang auch die Erwähnung des privaten *Engelglaubens*, denn ebenso wie der orthodoxe Christ seinen persönlichen Heiligen, meist seinen Namensheiligen, hat, weiß er sich auch von seinem persönlichen Engel, dem Schutzengel (kirchenslaw. *ángel-chranítel)* umgeben, bewahrt und geleitet.

So mündet der Gottesdienst, die Liturgie der Gemeinde als des zu Lob, Anbetung und Fürbitte versammelten Gottesvolkes ein in die sehr private, persönliche, vielleicht sogar intime Frömmigkeit des einzelnen Glaubenden, wie andererseits alle Individualfrömmigkeit wiederum zurückfließt in den Glauben und das Gotteslob der ganzen Kirche.

Literaturhinweise

Die Literatur zum Thema ist fast unübersehbar. Im folgenden sind nur einige Titel aufgeführt, deren Studium weiter in die Sache einführen kann. Es handelt sich vorwiegend um in der DDR erschienenes Schrifttum. In fast jedem der genannten Bücher findet der Leser wiederum weiterführende Literatur. Nicht aufgeführt sind Lexikonartikel, Aufsätze in Fachzeitschriften und dergleichen.

Bachmann, E.-M., Der Gottesdienst der Russisch-Orthodoxen Kirche. Eine Einführung. Berlin 1954

Benz, E., Die russischen Heiligenlegenden. Zürich 1953

Benz, E., Geist und Leben der Ostkirche. Hamburg 1957

Döpmann, H.-D., Der Einfluß der Kirche auf die moskowitische Staatsidee. Staats- und Gesellschaftsdenken bei Josif Volockij und Nil Sorskij. Berlin 1967

Döpmann, H.-D., Das alte Bulgarien. Leipzig 1973

Döpmann, H.-D., Die Russische Orthodoxe Kirche in Geschichte und Gegenwart. 2. Aufl. Berlin 1981

Donnert, E., Das Moskauer Rußland. Leipzig 1976

Donnert, E., Iwan Grosny der »Schreckliche«. Berlin 1978

Donnert, E., Das Kiewer Rußland. Leipzig – Jena – Berlin 1983

Donnert, E., Rußland im Zeitalter der Aufklärung. Leipzig 1983

Donnert, E., Altrussisches Kulturlexikon. Leipzig 1985

Faensen, H., Iwanow, W., Beyer, K. G., Altrussische Baukunst. Berlin 1972

Faensen, H., Kirchen im Moskauer Kreml. Berlin 1980

Faensen, H., Beyer, K. G., Kirchen und Klöster im alten Rußland. Leipzig 1982

Gaede, K., Lew Nikolajewitsch Tolstoi. Schriftsteller und Bibelinterpret. Berlin 1980

Gaede, K., Russische Orthodoxe Kirche in Deutschland in der ersten Hälfte des 20. Jahrhunderts. Köln 1985

Goltz, H. (Hrsg.), Eikon und Logos. Beiträge zur Erforschung byzantinischer Kulturtraditionen. 2 Bände und Bildtafeln. Halle (Saale) 1981

Gottelt, H. (Hrsg.), »Lobet den Herrn, alle Völker«. Die Feier der Gemeindemesse in Deutsch-Tschechisch-Slowakisch-Sorbisch-Ungarisch-Polnisch-Lateinisch. Leipzig 1986

Die Göttlichen Liturgien unserer heiligen Väter Johannes Chrysostomos und Basilios des Großen. Ausgabe der Diözesenverwaltung des Moskauer Patriarchats in Deutschland. Berlin (o. J.)

Eine kurze Erklärung der *göttlichen Liturgie* der Orthodoxen Kirche. Herausgegeben von dem Mitteleuropäischen Exarchat des Moskauer Patriarchates. Berlin 1960

Die *Nachtwache.* Der Gottesdienst der Orthodoxen Kirche in der Nacht zum Sonntag und vor großen Festen. Eine kurze Einführung herausgegeben von dem Mitteleuropäischen Exarchat des Moskauer Patriarchates. Berlin 1960

Die *Göttliche Liturgie* unseres heiligen Vaters Johannes Chrysostomos. Leipzig 1976

Hauptmann, P., Altrussischer Glaube. Der Kampf des Protopopen Avvakum gegen die Kirchenreformen des 17. Jahrhunderts. Göttingen 1963

Heiler, F., Die Ostkirchen. München – Basel 1971

Heyer, F., Konfessionskunde. Berlin – New York 1977

Irmscher, J. (Hrsg.), Der byzantinische Bilderstreit. Leipzig 1980

Kellner, H., Heortologie. Freiburg/Br. 1901

Kirche, Staat und Mensch. Russisch-orthodoxe Studien. Mit Beiträgen von N. Alexejev, N. Berdjajev, S. Bulgakov, G. Fedotov, A. Kartaschov, F. Lieb, B. Vyscheslavzev, W. Zenkowsky. Genf 1937

Kologrivov, I., Das andere Rußland. Versuch einer Darstellung des Wesens und der Eigenart russischer Heiligkeit. München 1958

Lilienfeld, F. von, Nil Sorskij und seine Schriften. Die Krise der Tradition im Rußland Ivans III. Berlin 1963

Lilienfeld, F. von, Schmidt, H., Schulz, G., Hierarchen und Starzen. Berlin 1966

Nyssen, W., Schulz, H.-J., Wiertz, P. (Hrsg.), Handbuch der Ostkirchenkunde. 1. Band. Düsseldorf 1984

Onasch, K., Das Weihnachtsfest im orthodoxen Kirchenjahr. Liturgie und Ikonographie. Berlin 1958

Onasch, K., Ikonen. Berlin 1961

Onasch, K., Einführung in die Konfessionskunde der Orthodoxie. (Sammlung Göschen 1197/1197a) Berlin 1962

Onasch, K., Die Ikonenmalerei. Leipzig 1968
(2., überarbeitete Auflage ist in Vorbereitung)

Onasch, K., und *Freydank, D.*, Altrussische Heiligenleben. Berlin 1977

Onasch, K., Liturgie und Kunst der Ostkirche in Stichworten. Leipzig 1981

Prawoslawny zerkowny kalendar (Orthodoxer Kirchenkalender). Ausgabe des Moskauer Patriarchats. Moskau (jährlich)

Rose, K., Predigt der russisch-orthodoxen Kirche. Wesen-Gestalt-Geschichte. Berlin 1952

Rose, K., Grund und Quellort des russischen Geisteslebens. Von Skythien bis zur Kiewer Rus. Berlin 1956

Rose, K. (Hrsg.), Christ ist erstanden. Osterglaube in der russischen Dichtung. Berlin 1965

Russische orthodoxe Kirche zu Dresden (Hrsg.), Orthodoxer Kirchenkalender. Dresden (ab 1978 jährlich)

Slushebnik. Bratislava 1980 (Nachdruck der Ausgabe Prag 1950)

Trebnik. Praha 1951 (Nachdruck der Ausgabe von 1920)

Weliki Sbornik. Praha 1950–1952 (Nachdruck der Ausgabe von 1934/1935)

Stimme der Orthodoxie (herausgegeben vom Mitteleuropäischen Exarchat des Moskauer Patriarchats). Berlin (monatlich)

Stupperich, R. (Hrsg.), Die Russische Orthodoxe Kirche in Lehre und Leben. Witten/R. 1966

Tjashelow, W., und *Sopozinski, O.*, Kunst des Mittelalters. Byzanz, Vorderasien, Balkan, Rußland. Dresden/Moskau 1976

Zankow, St., Das orthodoxe Christentum des Ostens. Sein Wesen und seine gegenwärtige Gestalt. Berlin 1928

ISBN 3-7338-0092-3

1. Auflage

Lizenz-Nr. 295/275/3006/88 · LSV 6000
Printed in the German Democratic Republic
Gesamtherstellung: Union-Druck, Halle (Saale)
Gestaltung: Horst Albrecht, Berlin
698 372 7
00980